Den Punkt treffen

W0047596

Klaus Roos

Den Punkt treffen

Glaubensverkündigung in fünf Minuten

Schwabenverlag

VERLAGSGRUPPE PATMOS

PATMOS
ESCHBACH
GRÜNEWALD
THORBECKE
SCHWABEN

Die Verlagsgruppe
mit Sinn für das Leben

FSC www.fsc.org — MIX — Papier aus verantwor-tungsvollen Quellen — FSC® C083411

Für die Schwabenverlag AG ist Nachhaltigkeit ein wichtiger Maßstab ihres Handelns. Wir achten daher auf den Einsatz umweltschonender Ressourcen und Materialien.

Alle Rechte vorbehalten
© 2019 Schwabenverlag AG, Ostfildern
www.schwabenverlag-online.de

Umschlaggestaltung: Finken & Bumiller, Stuttgart
Gestaltung, Satz und Repro: Schwabenverlag AG, Ostfildern
Druck: CPI books GmbH, Leck
Hergestellt in Deutschland
ISBN 978-3-7966-1775-1

Inhalt

Leben und Glauben

Kirche und Gemeinde

Vorausgeschickt

Wer liest noch dicke Bücher? Wer hört gerne lange Ansprachen? Wer hat die Zeit und die Nerven, sich ausführlich in ein Thema zu vertiefen, das mit Glaube und Kirche zusammenhängt? Ihre Zahl nimmt ab. Botschaften werden vor allem als Kurznachrichten transportiert. Was zu lang ist, findet keine Aufmerksamkeit. Twitter ist die Extremform: Mit 140 Zeichen ist alles gesagt.

Natürlich gibt es auch Themen und Anlässe, die sich nicht völlig eindampfen lassen. Politische Debatten, wissenschaftliche Vorträge, komplexe Informationsvermittlungen brauchen ihre Zeit. Selbst Predigten werden 10 Minuten eingeräumt. Aber es überwiegt doch der Trend: Sag es möglichst kurz! Denn sonst sind wir überfordert, gelangweilt, genervt, schalten wir ab.

Als hauptberuflicher Theologe und ehrenamtlicher Mitarbeiter in einer Kirchengemeinde habe ich öfter die Aufgabe, einen kurzen spirituellen Impuls zu geben: zur Eröffnung einer Sitzung, bei einer Adventsmeditation, als »Wort in den Tag«, zur Einleitung in einen Gottesdienst, bei Besinnungstagen oder Bibelabenden, in Kurzpredigten und Zeitungsartikeln oder bei anderen Gelegenheiten. Meist stehen nur wenige Minuten zur Verfügung. Das ist eine Herausforderung.

Viele der folgenden Texte sind dadurch entstanden. Sie sind bunt und vielfältig, was ihre literarische Form und ihre Thematik angeht. Ich betrachte sie als »Sprechversuche«, meinen eigenen Glauben zu buchstabieren: oft mehr Fragen aufwerfend als Antworten gebend, manchmal reflektierend, manchmal poetisch, manchmal provozierend. Es sind Annäherungen aus meinem ganz persönlichen Blickwinkel, gleichzeitig aber auch Einladungen zum Weiterdenken; denn der Glaube ist ein Weg, den jeder selbst gehen muss.

Es geht in der Verkündigung darum, den Punkt zu treffen, an dem ein Lebensnerv berührt wird. Nur dann werden wir empfänglich für die

Schwingungen, in denen auf geheimnisvolle Weise Gottes Geist uns in Bewegung bringen will.

Ich vergleiche es mit Akupunktur: Wenige Nadeln genügen. Wenn sie an der richtigen Stelle sitzen, kann etwas in Fluss geraten.

»Das eine ist mir so klar und spürbar wie selten: die Welt ist Gottes so voll. Aus allen Poren der Dinge quillt er gleichsam uns entgegen. Wir aber sind oft blind. Wir bleiben in den schönen und bösen Stunden hängen und erleben sie nicht durch bis an den Brunnenpunkt, an dem sie aus Gott herausströmen.« (Alfred Delp, Nov. 1944)

Zum Gebrauch

Die vorliegenden Texte spiegeln die theologischen und spirituellen Reflexionen des Autors zu unterschiedlichen Themen. Gleichzeitig sind es Verkündigungsimpulse, die versuchen, zu bestimmten Anlässen oder in bestimmten Situationen »den Punkt zu treffen«.

Daraus ergeben sich zwei Möglichkeiten des Umgangs mit diesen Texten:

- Man kann sie »absichtslos« lesen und sich von ihnen berühren lassen. Dann können sie vielleicht das eigene theologische Denken, die eigene Spiritualität inspirieren. »Cor ad cor loquitur« – das Herz spricht zum Herzen. Kardinal Newman hatte sich dieses Wort des hl. Franz von Sales zum Wappenspruch gewählt. Wenn ein Funke überspringt, kann eine Flamme entstehen, die andere ansteckt. »In dir muss brennen, was du in anderen entzünden willst«, soll der hl. Augustinus gesagt haben. Nur wovon ich selbst bewegt bin, damit kann ich andere bewegen.
- Man kann die Texte aber auch direkt für die eigene Verkündigung verwenden: so wie sie sind oder abgewandelt und übersetzt in die eigene Art, zu denken und zu sprechen. Um sie besser verorten zu können, sind den Texten immer wieder auch Stichworte beigefügt, die den Überblick über die angesprochenen Themen erleichtern. Da-

rüber hinaus finden sich Hinweise auf einschlägige Bibelstellen und gelegentlich werden besondere Einsatzmöglichkeiten benannt. Dies geschieht sparsam. Die Nutzerinnen und Nutzer können selbst am besten beurteilen, für welche Situation sie welchen Text einsetzen. Bei den eher poetischen Texten wird auf Verwendungshinweise ganz verzichtet. Sie sprechen für sich selbst.

Klaus Roos

Advent und Weihnachten

Die Advents- und Weihnachtszeit bringt viele Verkündigungsanlässe mit sich. Gelegenheiten für spirituelle Kurzimpulse bieten adventliche Meditationen, Rorate-Gottesdienste, Advents- und Weihnachtsfeiern, Frühschichten, Bußgottesdienste u.Ä. Einige der folgenden Texte eignen sich auch als »Geistliches Wort« zum Beginn oder am Schluss einer Sitzung oder als Einstimmung bei Zusammenkünften in der Advents- und Weihnachtszeit.

Über den Tellerrand

Jeder lebt in seiner Welt. Jeder trägt seine Lebensgeschichte mit sich, sein Bild von der Welt und von den Menschen, seine Gewohnheiten und Vorlieben, seine Niederlagen und Siege. Wir sind, wie wir geworden sind: geboren in dieser Zeit, aufgewachsen in dieser Familie, mit dem Körper, den wir haben, und den Gedanken, die man uns gelehrt hat.

Doch einmal im Jahr, da ist es, als öffne sich der Käfig, der uns begrenzt. Wenn die Lichter brennen im Advent und die Melodie der alten Lieder unser Herz berührt, da erwachen die Träume in uns und die Sehnsucht meldet sich leise. Tief in uns spüren wir, dass noch etwas kommen muss; dass es etwas gibt, das größer ist als die kleine Welt, in der wir leben. Und manchmal ist es, als hörten wir von weit her einen Ruf, der uns seltsam vertraut ist, und als leuchte in der Ferne ein Stern, für den wir keinen Namen haben, von dem wir aber tief im Herzen ahnen, dass es unsere Bestimmung ist, ihm zu folgen.

Der Advent ist die Zeit, in der sich Türen auftun in den Wänden und das Dach durchsichtig wird für den Himmel.

Stichworte Träume, Sehnsucht, Berufung

Türen öffnen

Adventskalender gibt es seit dem 19. Jahrhundert. Am Anfang hat man Striche auf die Wand gemalt und jeden Tag einen weggewischt. Dann hat man täglich ein Bild aufgehängt, bis schließlich vor über 90 Jahren der Adventskalender mit Türchen erfunden wurde. Heute ist das Angebot riesig. Adventskalender mit Schokolade, mit anderen Süßigkeiten oder mit Spielsachen, mit Teesorten, Cremes oder kleinen Parfumflakons gibt es in großer Auswahl und in allen Preislagen.

Mir gefällt das Bild von den geöffneten Türchen. Es kann uns zeigen, wozu wir in der Adventszeit eingeladen sind: uns selbst jeden Tag ein Stück mehr zu öffnen. Am 24. Dezember wären wir dann ganz offen für das Geheimnis von Weihnachten.

Sich öffnen, Stück für Stück – das ist der tiefste Sinn des Advents. Offenheit – damit sind wir auf die Welt gekommen, das hat uns als Kinder ausgezeichnet: mit offenen Sinnen das Leben aufnehmen, mit offenem Herzen auf Menschen zugehen, mit offenem Geist die Welt erkunden.

Vieles davon haben wir verloren im Lauf der Jahre. Längst haben wir uns unser Bild gemacht von der Welt und von den Menschen. Wir wissen, wie es läuft im Leben, was man tut und was man besser lässt, woran man sich die Finger verbrennt und wo man besser den Mund hält. Wir wissen, was sich lohnt, wie man sich schützt, wie man lebt. Fest geworden ist auch unser Glaube: Wir kennen die Wahrheit, wir kennen die Regeln, wir kennen den Weg.

Lebenserfahrung nennen wir das, und sie ist kostbar, weil sie vieles enthält, was wir gelernt haben im Laufe der Jahre. Aber genau hier ertönt jedes Jahr neu der adventliche Ruf: Öffne dich! Weite deinen Blick! Weite dein Herz! Bleib nicht gefangen in deinen verfestigten Lebensspuren! Lass dich überraschen: vom Leben, von den Menschen, von Gott.

Ich lade Sie ein, im Advent wenigstens drei Türen zu öffnen. Jede Tür ist mit einem Schloss verriegelt, aber zu jedem Schloss gibt es einen Schlüssel.

Die erste Tür trägt die Aufschrift: »*Gewohnheit*«.

Das war schon immer so, das war noch nie so, das geht bei uns nicht. Drei Sätze, die jede Öffnung blockieren. Was sich einmal als richtig bewährt hat, soll immer so bleiben. Womit wir einmal schlechte Erfahrungen gemacht haben, davon lassen wir für immer die Finger. Tür zu! Diskussionen überflüssig! Schon immer so! Noch nie so! Bei uns nicht! Basta! Aber: »Wer immer nur das tut, was er immer getan hat, wird auch immer nur das bekommen, was er schon immer bekommen hat.«

Der Schlüssel, mit dem Sie diese Türe öffnen können, trägt die Aufschrift: »*Phantasie*«. Wer ihn umdreht, beginnt, neue Gedanken zu denken, neue Träume zu träumen, neue Lieder zu singen. Was ist, muss nicht so bleiben, was war, kann sich ändern. Du hast mehr Möglichkeiten, als du ahnst, ganz zu schweigen von den ungeahnten Möglichkeiten Gottes mit dir.

Auf der zweiten Tür steht: »*Vorsicht*«.

Was könnte nicht alles passieren! Ein Satz, der einengt, klein macht, blockiert. Es könnte ein Schaden entstehen. Ich könnte Misserfolg haben. Es könnte mir wehtun. Der Gedanke daran lähmt.

Der Schlüssel, der diese Tür öffnet, trägt die Aufschrift: »*Mut*«. Wer ihn umdreht, riskiert das Kribbeln im Bauch, fühlt die frische Brise der Freiheit, atmet auf und weitet seinen Blick. Beim Propheten Jesaja liest sich das so: »Macht die erschlafften Hände wieder stark und die wankenden Knie wieder fest! Sagt den Verzagten: Habt Mut!« (Jes 35,3f)

Auf der dritten Tür steht das Wort »*Angst*«.

Wenn Angst das Grundgefühl des Lebens ist, dann gehe ich auf schwankendem Boden. Dann verwandeln sich die Farben in Schwarz. Dann lauert die Panik, ich könnte in den Abgrund fallen, verlöschen im Nichts. Angst saugt die Lebensfreude aus, macht blind für die Schönheit und für die Liebe, frisst die Seele auf.

Der Schlüssel, der diese Tür öffnet, trägt die Aufschrift: »*Glaube*«. Wer ihn umdreht, findet tiefes Vertrauen: Vertrauen zu den Menschen und Vertrauen zu Gott. »Wer glaubt, zittert nicht«, schrieb Papst Johannes XXIII. Und ein Kollege von mir zitiert gern ein bekanntes Sprichwort: »Was bedeutet schon ein Schiffbruch, wenn Gott das Meer ist.« Wer so denken, wer so vertrauen, wer so glauben kann, verliert die Angst. Denn er weiß: Was immer geschieht: Wir fallen nie tiefer als in Gottes Hand. Das hält, auch wenn wir den Boden unter den Füßen verlieren. Dann wird das Herz leicht und der Atem frei. Es tut gut, Menschen zu begegnen, die keine Angst haben. Ihr Vertrauen steckt an.

Probieren Sie es aus: Öffnen Sie diese drei Türen in Ihrem Adventskalender! Öffnen Sie die Tür der Gewohnheit mit dem Schlüssel der Phantasie. Öffnen Sie die Tür der Vorsicht mit dem Schlüssel »Mut« und öffnen Sie die Tür der Angst mit dem Schlüssel des Glaubens. Vielleicht werden Sie sogar feststellen, dass ein anderer längst vor Ihnen gekommen ist und die Tür aufgeschlossen hat. Wir müssen nur hindurchgehen.

Stichworte Türen öffnen, Gewohnheit, Phantasie, Vorsicht, Mut, Angst, Glaube

Gottes Boten

Du, Herr, hast mir längst deinen Engel gesandt.
Meine Seele hat er berührt mit zarten Schwingen,
flüstert in meinen Träumen deinen Namen.
Wie Sternenlicht weist er mir manchmal den Weg,
sagt in der Angst: »Ich bin da.«

Du hast mir längst deinen Engel gesandt.
Die Sehnsucht hat er mir ins Herz gesät.

Manchmal lässt er mir Flügel wachsen,
haucht mich an mit dem Atem der Ewigkeit.

Wenn du da bist, mein Engel, fühle ich Trost,
ich weiß: Ich bin nicht allein.
Und wenn ich mich fürchte, dann spüre ich:
Auf meiner Schulter ruht deine Hand.

Wenn du da bist, mein Engel, geht der Himmel auf.
Und die Liebe verbrennt mir das Herz.
Durchsichtig wird auf einmal die Welt
Und spiegelt den Glanz deines Lichts.

Du, Herr, hast mir längst deinen Engel gesandt.
Wie Maria und Josef ruft er auch mich.
Dein Bote ist längst unterwegs zu mir.
Lass mich ihn erkennen, wenn er kommt.

Stichworte   Engel, Bote, Angst, Sehnsucht, Trost, Ruf

Advent alternativ

Vor einigen Jahren fand eine Plakataktion in ganz Deutschland große Aufmerksamkeit. An den Plakatwänden in den Städten hingen gelbe Plakate, auf denen mit schwarzer Schrift beispielsweise Folgendes geschrieben stand:

»68% aller Männer halten rothaarige Frauen für feuriger. 90% davon haben noch nie eine kennengelernt.«

»Weißwein entfernt Rotweinflecken. Millionen ruinierte Teppiche sehen das anders.«

»Wenn ein Stier rot sieht, wird er aggressiv. Dabei sind Stiere farbenblind.«

»78% der Deutschen verbinden mit Hamburg Regenwetter. In Köln regnet es deutlich öfter.«

»Viele glauben, Karriere mache Frauen unweiblich. 100% ihrer Männer sehen das anders.«

Niemand wusste, von wem die Plakataktion kam und was das sollte. Nur am rechten Bildrand fand sich ein Hinweis auf eine Internetseite: »umparken im Kopf.de«. Wenn man diese Seite anklickte, öffnete sich folgender Text: »Was wir denken, bestimmt, was wir sehen. Und Dinge, über die wir ein vorgefasstes Urteil haben, sehen wir oft überhaupt nicht mehr.«

Ist es nicht wirklich so: Der Filter in unserem Kopf entscheidet, was wir wahrnehmen und wie wir urteilen. Die Plakataktion spielte gekonnt mit unseren Vorurteilen und widerlegte sie auf humorvolle Weise. Es war eine Kampagne der Firma Opel. Das letzte Plakat lautete: »Ist Opel noch so, wie Sie denken? Schauen Sie doch mal nach!«

Könnte vielleicht auch der Advent anders sein, als es unserem romantisch-gemütlichen Bild entspricht? Ist er nicht die Zeit der Prophetenworte, der großen Erwartungen, der Hoffnung, dass alles anders wird? In der Wüste soll ein Weg gebahnt werden, Berge werden sich senken und Täler heben, was krumm ist, wird gerade, wankende Knie werden wieder fest, Verzagte schöpfen Mut, der Lahme springt wieder wie ein Hirsch, die Zunge des Stummen jubelt. Das sind die biblischen Bilder des Advents. Wo Gott nahe ist, bleibt nichts mehr, wie es war. Überraschende Veränderungen geschehen. Verheißungen locken. Uralte Sehnsucht erfüllt sich. In der Wüste sprudelt frisches Wasser und im dürren Land sprießen die Saaten. Wo Gott nahe ist, können Wunder geschehen. Wäre das nicht eine Alternative? Advent als Zeit der Überraschungen, der Aufbrüche und neuen Wege, der gewagten Träume und der verrückten Hoffnungen. Wenn Gott kommt, bläst der Wind der Veränderung – ein frischer Wind für unser Leben.

Das kann übrigens mit ganz kleinen Schritten beginnen. Die Hirnforscher sagen uns, dass dann, wenn wir den gewohnten Trott verlassen, unsere Gehirnzellen angeregt werden und neue Verbindungen unterein-

ander herstellen. Das Hemd einmal von unten her statt von oben zuknöpfen, die Zahnbürste mit der linken, statt mit der gewohnten rechten
Hand halten, einen anderen Weg zum Einkaufen gehen als sonst – schon
solche kleinen Alternativen bringen die Hirnzellen in Bewegung.

Was könnte dann erst geschehen, wenn wir im Advent noch andere Alternativen ausprobieren: auf jemanden zugehen statt zurückgezogen
bleiben; Versöhnung anbieten, statt im Schweigen zu verharren; anerkennen statt kritisieren, lächeln statt schimpfen, verstehen statt urteilen, die Liebe riskieren statt in sicherer Distanz bleiben. Gott selbst hat
ja den alternativen Weg gewählt: einen Stall, ein Kind. Im Advent beginnen wir zu ahnen, dass dadurch alles anders geworden ist.

Stichworte   Vorurteile, Umkehr, Alternativen, Aufbruch

Das Zauberwort

In den Märchen von 1001 Nacht belauscht der arme Ali Baba im Wald
zufällig eine Räuberbande. Er sieht, wie der Hauptmann auf eine Fels-
wand zugeht und die Worte spricht: »Sesam, öffne dich!« Da öffnet sich
eine geheime Tür im Felsen, durch die die Räuber verschwinden. Ali
Baba wartet, bis sie wieder zurückkommen und fortreiten. Dann tritt er
selbst vor den Felsen. »Sesam, öffne dich!« – die Tür geht auf und Ali
Baba gelangt in die Räuberhöhle, voll mit Schätzen.

Viele Sagen und Märchen handeln von solchen geheimen Türen. Sie öffnen sich nur dem, der das richtige Wort kennt oder den passenden
Schlüssel hat. Ganz so weit sind wir davon gar nicht weg. Auch bei uns
sind die Computer durch ein Passwort geschützt. Und wenn wir uns im
Internet bewegen, öffnen sich viele Zugänge erst dann, wenn wir das
richtige Kennwort eingeben.

Anscheinend gehen wir in unserem Leben an vielen verschlossenen Türen vorbei. Manche Schätze könnten wir entdecken, wenn sich diese
Türen öffnen würden.

Joseph von Eichendorff hat es vor 200 Jahren in seinem Gedicht »Wünschelrute« so ausgedrückt:

> *»Schläft ein Lied in allen Dingen,*
> *die da träumen fort und fort,*
> *und die Welt hebt an zu singen,*
> *triffst du nur das Zauberwort.«*

Im Advent spüren wir etwas von dem Zauber, der über der Welt zu liegen scheint. Lichter schimmern überall, Düfte liegen in der Luft, Lieder erklingen. Manchmal öffnet sich dadurch in uns selbst eine Tür zur längst vergangenen Welt unserer Kindheit. Oder es öffnet sich die Tür der Sehnsucht nach einem Leben, das anders ist, nach dem geheimnisvollen Paradies, das sich in unseren Christbäumen spiegelt. Vielleicht trifft der Advent manchmal das Zauberwort, das in uns etwas zum Klingen bringt, das lange verschüttet war.

Aber auch wir selbst können verschlossene Türen öffnen. Die Zauberworte dafür heißen nicht: »Sesam, öffne dich!«, sondern vielleicht: »Ich bin dir dankbar.« Oder: »Es tut mir leid.« Oder: »Ich bin froh, dass du da bist.« Oder: »Es gefällt mir, wie du das gemacht hast.« Oder: »Ich bin da, wenn du mich brauchst.« Oder: »Ich liebe dich.«

Es kann passieren, dass eines dieser Worte eine verborgene Tür öffnet: eine Tür zu einem Menschen, eine Tür zu einem Herzen. Vielleicht haben Sie ja an sich selbst schon erlebt, wie Ihnen das Herz aufgegangen ist, als jemand eines dieser Worte zu Ihnen gesagt hat.

Probieren Sie es aus. Stellen Sie sich vor, wem Sie eines dieser Worte sagen könnten.

Vielleicht treffen Sie das Zauberwort, das Passwort, das Türen öffnet. Im Advent ist die Zeit dafür günstig.

Stichworte Öffnen, Passwort

Achtsamkeit

»Heute Abend besuch ich mich. Ich hoffe, ich bin daheim.« Ein berühmtes Zitat des bayerischen Komikers und Wortkünstlers Karl Valentin! Was er damit sagen will, kenne ich an mir selbst: Ich bin nicht wirklich da. Ich bin nicht bei mir. Ich bin woanders.

Aus der spirituellen Tradition des Buddhismus kommt der Impuls, uns in die Haltung der Achtsamkeit einzuüben. Vor mehr als 40 Jahren hat der amerikanische Medizinprofessor Jon Kabat-Zinn daraus ein Trainingsprogramm entwickelt, das unter dem Begriff Mindfulness – Achtsamkeit weltweite Beachtung gefunden hat. In diesem Programm geht es darum, wieder neu zu lernen, im Hier und Jetzt zu leben, ganz bei sich und aufmerksam für den jeweiligen Augenblick. Denn, so sagt Kabat-Zinn, wie ein Flugkapitän oft auf Autopilot umschaltet und das Flugzeug mit automatischer Steuerung fliegt, so erledigen auch wir vieles im Autopilot-Modus. Wir tun etwas, sind aber in Gedanken bei etwas ganz anderem. Wir grübeln über Vergangenes, sinnen nach über Zukünftiges und verpassen es dabei, ganz in der Gegenwart zu sein.

Vielleicht könnten Sie die Adventszeit für ein persönliches Achtsamkeitstraining nutzen. Diese Einübung beginnt damit, ganz bei dem zu sein, was ich gerade tue, denke oder fühle: ganz offen, ganz neugierig, ganz aufnahmebereit für den jeweiligen Augenblick.

Eine Anekdote aus der Zen-Meditation erzählt Folgendes:
Einige Schüler fragten ihren Zen-Meister, warum er so zufrieden und glücklich sei:
Er antwortete:
»Wenn ich stehe, dann stehe ich,
wenn ich gehe, dann gehe ich,
wenn ich sitze, dann sitze ich …«
»Das tun wir auch«, antworteten seine Schüler, »aber was machst du darüber hinaus?«
Der Meister erwiderte:

»Wenn ich stehe, dann stehe ich,
wenn ich gehe, dann gehe ich,
wenn ich sitze, dann sitze ich …«
Wieder sagten seine Schüler: »Aber das tun wir doch auch, Meister!«
Er aber sagte zu ihnen:
»Nein – wenn ihr sitzt, dann steht ihr schon,
wenn ihr steht, dann lauft ihr schon,
wenn ihr lauft, dann seid ihr schon am Ziel.«

Die alten Griechen kannten den Gott Kairos: den Gott des Augenblicks. Er wurde kahlköpfig dargestellt, mit einer einzigen Stirnlocke. An der konnte man ihn ergreifen. Von daher stammt unsere Redewendung: »Eine Gelegenheit beim Schopf packen.« Jeder Augenblick verdient unsere Aufmerksamkeit. Es könnte der Augenblick sein, in dem Gott uns begegnen will. Dann sollten wir daheim sein bei uns.

Stichworte   Achtsamkeit, Leben im Augenblick, Gott begegnen
Besondere Einsatzmöglichkeiten   Auch geeignet für Fastenzeit/Österliche Bußzeit

Ankunft. Vielleicht eine Adventsgeschichte

Frau Tiefmut fühlte sich so, wie ihr Name sagte: mutlos und am Boden. Zuerst war ihr Mann vor zwei Jahren gestorben. Seitdem ohne ihn zu leben nach über 40 Jahren Ehe, war nicht leicht für sie gewesen. Allein bewohnte sie das kleine Haus und musste für alles selber sorgen, was früher ihr Mann erledigt hatte. Tapfer versuchte sie, das Unabänderliche zu akzeptieren, und fasste allmählich wieder Tritt.
Da kam ein neuer Schlag: Die Diagnose, die ihre Ärztin ihr vor einiger Zeit mitgeteilt hatte, ließ ihr Leben erneut aus den Fugen geraten. Es war, als hätte man ihr den Boden unter den Füßen weggezogen. Als sie von der Arztpraxis nach Hause ging, hatte die Sonne aufgehört, für sie

zu scheinen. Alles war nur noch schwarz. Unter den Menschen, an denen sie vorbeiging, fühlte sie sich wie eine Fremde. Sie hatte kein Auge für die weiße Schneelandschaft, hörte die Kirchenglocken nicht, spürte weder Kälte noch Wärme.

Das war nun schon Wochen her. Frau Tiefmut lebte wie neben sich. Sie aß, sie schlief, sie machte ihre Hausarbeit, sie funktionierte, aber alles in ihr schien wie tot. Sie wollte mit niemandem reden, keinen sehen. Nicht einmal weinen konnte sie.

Es war am 1. Advent. Sie hatte keine Tannenzweige aufgesteckt, keinen Stern ans Fenster gehängt, keine Kerze angezündet. »Lasst uns froh und munter sein« – das hätte ihr jetzt gerade noch gefehlt! Sie war nicht froh. Sie war nicht munter. Und sich auf die Weihnacht freun – dazu hatte sie schon gar keinen Grund.

In der Nacht träumte sie. Sie sah sich im Wohnzimmer ihrer Kindheit stehen. Es war adventlich geschmückt, wie ihre Mutter es alle Jahre zu tun pflegte. Auf dem Tisch stand ein Adventskranz mit vier Kerzen, in einer Vase steckten Tannenzweige, an denen Strohsterne hingen, und von der Decke schwebte ein Engel aus Goldpapier. Es war, als schaue dieser Engel sie an und sie hörte ihn sagen: »Advent heißt Ankunft. Schaue zum Himmel!«

Am nächsten Morgen stand Frau Tiefmut auf und verrichtete ihre Arbeit wie jeden Tag. In ihrem Unterbewusstsein hallte die Stimme des Engels nach wie ein fernes Echo. Am Nachmittag klingelte es an ihrer Tür. Es war die alte Frau Gabriel, die zwei Stockwerke über ihr wohnte. Sie war gerade vom Einkaufen gekommen und hatte gemerkt, dass sie ihren Wohnungsschlüssel vergessen hatte. Jetzt bat sie Frau Tiefmut, ob sie nicht von deren Telefon aus ihre Tochter anrufen dürfe, die einen Zweitschlüssel besitze. Frau Tiefmut tat ihr diese kleine Gefälligkeit gern, und als die Tochter am Telefon sagte, sie könne erst in einer Stunde da sein, da lud Frau Tiefmut ihre Nachbarin ein, bei ihr zu bleiben und eine Tasse Tee mit ihr zu trinken. So saßen sie nun am Tisch und tranken zusammen Tee, während es draußen allmählich dunkel wurde. Frau Gabriel war eine stille Frau mit gütigen Augen und sie konnte wunderbar zuhören. So kam es, dass Frau Tiefmut, die so lange stumm gewesen war, erst stockend, dann immer flüssiger zu erzählen begann. Sie erzählte vom Tod ihres Mannes, den ihre Nachbarin ja auch gekannt hatte, von der schweren Zeit danach und schließlich auch von ihrem Arztbesuch und dem schlimmen Befund, der sie so aus der Bahn geworfen hatte. Sie redete und redete sich dabei lang angestauten Kummer von der Seele und spürte, wie sich in ihr etwas löste, wie Tränen über ihre Wangen rannen, wie etwas Hartes, Wehes tief in ihr aufzutauen begann. Frau Gabriel hörte zu, die Augen voll Mitgefühl auf ihre Nachbarin gerichtet. Sie sagte nichts. Nur einmal, als die Tränen zu fließen begannen, umschlossen ihre Finger in einer behutsamen Geste Frau Tiefmuts Hand. So saßen sie beieinander und aus Frau Tiefmut brach der ganze Schmerz der letzten Wochen und Jahre hervor, und Frau Gabriel hörte zu mit ihrem stillen, gütigen Blick, wie er nur der Weisheit des Alters entspringen kann.

Als es dann plötzlich klingelte und die Tochter mit dem Schlüssel vor der Tür stand und Frau Gabriel sich verabschiedete und sich dabei vielmals für die Gastfreundschaft bedankte, da war sich Frau Tiefmut sicher, dass eigentlich sie es sei, die sich zu bedanken habe.

Am Abend, bevor sie schlafen ging, fiel ihr der Traum wieder ein. »Schaue zum Himmel!«, hatte der Engel gesagt. Und Frau Tiefmut öffnete das Fenster und schaute hinauf in den Sternenhimmel, wie sie es oft tat, wenn die Nacht klar war. Da sah sie neben dem Abendstern einen winzigen Punkt leuchten. Frau Tiefmut kannte den Sternenhimmel ganz gut. Oft hatte sie mit ihrem Mann die Sternbilder erkundet. Dieser kleine Himmelsfunke war ihr aber noch nie aufgefallen.

Am nächsten Morgen bekam Frau Tiefmut einen Anruf. Es war ihre Freundin Barbara. »Ich brauche dich«, sagte sie. »Du hast doch immer so gute Walnussplätzchen gebacken. Kannst du nicht heute Nachmittag zu mir kommen? Ich habe meine fünfjährige Enkeltochter zu Besuch und sie will unbedingt mit Oma Plätzchen backen. Bitte komm doch und hilf mir! Du weißt ja, dass ich`s nicht so mit dem Backen habe.«

So machte sich Frau Tiefmut auf den Weg zu ihrer Freundin Barbara. Einen so schönen Nachmittag hatte sie schon lange nicht mehr erlebt. Die Enkelin ihrer Freundin war begeistert bei der Sache und konnte gar nicht genug kriegen, aus Plätzchenteig kleine Sterne, Tannenbäume und Schneemänner auszustechen und später mit Schokoguss zu bepinseln. »Du hast mich gerettet«, sagte Barbara zum Abschied. »Danke, dass du so eine gute Freundin bist!« Frau Tiefmut war ungewöhnlich beschwingt, als sie nach Hause ging, und irgendwie hatte sie das Gefühl, dass sie selbst die Gerettete war.

Am Abend schaute sie wieder aus dem Fenster. Am Himmel erkannte sie sofort ihren kleinen Stern von gestern. Aber er war gar nicht mehr so klein. Irgendwie schien er gewachsen zu sein. Hell und unübersehbar stand er am Himmel.

Am nächsten Tag hatte Frau Tiefmut wieder einen Termin bei ihrer Ärztin. Diese machte ihr einen überraschenden Vorschlag: Es gebe seit Kurzem ein neues Operationsverfahren, und sie sei der Meinung, das könne vielleicht auch in ihrem Fall angewandt werden. Sie habe schon mit einem Arzt aus dem Stadtklinikum gesprochen, der auf solche Operationen spezialisiert sei. Das Ganze sei allerdings nicht ungefährlich und sie müsse selbst entscheiden, ob sie das Risiko eingehen wolle.

Frau Tiefmut wollte. Eigentlich war sie ja von eher ängstlicher Natur. Doch als sie der Ärztin gerade absagen wollte, fiel ihr merkwürdigerweise der Stern wieder ein. Und aus dem Gefühl heraus, das sie dabei überkam, sagte sie ja. Schon wenige Tage später lag sie auf dem Operationstisch. Ihre Hände waren kalt vor Angst. Geräte, Schläuche, das Operationsteam mit Schutzmasken vor dem Gesicht. In dem Moment, als die Narkosespritze gesetzt wurde, fiel Frau Tiefmuts Blick auf das Fenster. Die Vorhänge waren zurückgezogen und sie konnte den Nachthimmel sehen. Dort stand leuchtend und groß wie nie zuvor ihr Stern. Sie wusste nicht, ob es das Narkosemittel war, das sich vielleicht schon auf ihre Sinne auswirkte, aber es war ihr, als schwebe der Stern auf sie zu. Immer heller wurde sein Licht. In wenigen Augenblicken würde sie eintauchen in dieses Licht, das aus dem Himmel auf sie zukam. Und tief in ihrem Inneren hörte sie die Stimme des Engels aus ihrem Traum: »Advent heißt Ankunft.«

Hier könnte diese Geschichte enden. Und die Hörer*innen / Leser*innen fragen sich vielleicht, ob Frau Tiefmut dort angekommen ist, wo alle unsere Wege enden: im Licht, dem wir entgegengehen ein Leben lang. Ist sie eingegangen in den großen Advent am Ende der Zeiten, wenn er kommt, der alles in seinen Händen hält? »Seht, neuer Morgen in unsrer Nacht« – hat sich dieses Adventslied für Frau Tiefmut erfüllt, dort auf dem Operationstisch? So könnte es sein, und es wäre ein ungewöhnliches »Happy End« unserer Adventsgeschichte.

Aber es kam anders, und das Leben wird erst noch zeigen, wie diese Geschichte wirklich zu Ende geht. Frau Tiefmut erwachte auf der Intensivstation aus ihrer Narkose. Der Arzt sagte ihr, die Operation sei gut verlaufen, aber erst die nächsten Tage würden zeigen, wie ihr Körper auf den Eingriff reagiere. Deshalb könne er noch keine Entwarnung geben. Frau Tiefmut nickte nur und ein leises Lächeln lag auf ihrem Gesicht. Ihre Angst war verflogen. Der Augenblick, in dem das Sternenlicht sie überflutet hatte, war immer noch in ihr lebendig. Sie fühlte sich irgendwie verwandelt. Sie war ihrem Stern begegnet. Wie ein kleiner Hoffnungsfunke hatte er am Himmel aufgeleuchtet, als Frau Gabriel sie besucht hatte. Dann war er gewachsen, als sie ihrer Freundin Barbara beim Plätzchenbacken geholfen hatte. Zum Schluss war er auf sie zugeschwebt in strahlender Helle. Ihre Sorgen und ihr Kummer waren immer noch da, aber es fühlte sich anders an. Die Welt hatte wieder Farben, die Menschen waren ihr nicht mehr fremd. Und als die Müdigkeit sie überkam und sie die Augen schloss, schoss ihr der Gedanke durch den Kopf, wenn sie wieder zu Hause sei, werde sie einen Adventskranz aufstellen.

Stichworte Trauer, Hoffnung, Lebensmut, Stern
Besondere Einsatzmöglichkeiten Adventsfeier, Seniorennachmittag (Vorlesedauer: ca. 12 Minuten)

Neustart

Manche elektronischen Geräte, vor allem Computer, haben eine Reset-Taste. Wenn man sie drückt, wird das Programm wieder neu gestartet. Die Uhren stehen sozusagen wieder auf null. Wenn man sich aussichtslos verheddert hat, wenn man im Computerspiel kurz vor dem Verlieren steht – Reset-Taste gedrückt – und alles beginnt von vorne.

Wäre so eine Reset-Taste nicht auch etwas für unser Leben? Wenn eine Beziehung vor dem Ende steht, wenn in einem Streit der Kreislauf der Rechthaberei nicht zu durchbrechen ist, wenn es in einer Krankheit keinen Ausweg mehr gibt – da wäre so eine Neustart-Taste schön. Es gäbe die Chance für einen neuen Anfang. Ein Schuldenschnitt und die Schulden wären weg! Ein Fehlerschnitt und alles, was wir falsch gemacht haben, wäre ungeschehen!

Fukushima, die Finanzkrise, die Unruhen im Nahen Osten, Unwetterkatastrophen und Terroranschläge – da einfach die Neustart-Taste drücken können! Ein Traum!

Ein neuer Anfang – das ist das große Thema von Weihnachten. Es gibt dafür ein menschheitsaltes Symbol, ein Urbild der Seele: das neugeborene Kind. In der Geschichte von dem Kind, das in Betlehem geboren ist, verdichtet sich unser Glaube: Gott hat einen neuen Anfang ermöglicht. Mitten in einer jahrhundertelangen Geschichte von Verstrickung und Schuld, von Elend, Krieg und Verzweiflung wird neue Hoffnung geboren. »Im Advent, im Advent ist ein Licht erwacht«, singen wir in einem Lied.

Das Urbild vom neugeborenen Kind wird in der Bibel mit einer zweiten Symbolik verbunden. Es ist eine Jungfrau, so wird erzählt, von der das Kind geboren wird. Auf diese Art bringt die Bibel zum Ausdruck: Gott unternimmt einen Neustart. Das Kind, das geboren wird, ist nicht hineinverstrickt in die menschliche Geschichte von Gewalt und Schuld. Es ist nicht abhängig von den Gesetzen der Biologie. Mit ihm stellt Gott den Urzustand der Welt wieder her. Von »neuer Schöpfung« sprechen die Theologen. Das Paradies bekommt eine neue Chance. Deshalb stellen wir grüne Bäume auf und hängen rote Äpfel daran – eine Erinnerung an den Baum des Lebens aus dem Paradies. Mit Weihnachten nimmt Gottes Geschichte mit den Menschen einen neuen Anfang.

»Seht, neuer Morgen in unsrer Nacht ...«, singen wir. Weihnachten ist die Hoffnung, dass auch mir ein neuer Anfang geschenkt ist. Die Sackgassen des Lebens bilden nicht das Ende. Meine Fehler, meine Schuld, die Verwicklungen, in die ich geraten bin, die Abhängigkeiten, die mich binden, sind nicht das letzte Wort, das über mein Leben gesprochen ist. Seht, neuer Morgen in unsrer Nacht: Gott befreit sein Volk, schon kommt er herbei.

Stichworte   Anfang, Paradies, Jungfrauengeburt, Kind
Bibelstellen   Lk 1,26–38
Besondere Einsatzmöglichkeiten   Lesejahr A und B, 4. Adventssonntag

Wie ein Geschenk

Kennen Sie das auch? Sie stehen vor einer Glastür, drücken dagegen, aber sie geht nicht auf. Da fällt Ihr Blick auf den Türgriff: »Ziehen« steht da auf einem kleinen Messingschild. Ein leichter Ruck genügt, und sie schwingt auf.

Ist das nicht typisch? Wir mühen uns ab, drücken, wollen mit dem Kopf durch die Wand, aber alle Kraft geht in die falsche Richtung. Dabei wäre die Lösung oft so einfach: loslassen statt festhalten, kommen lassen statt erzwingen wollen, lockerlassen, statt sich immer mehr zu versteifen.

Ist es nicht oft der selbst gemachte Druck, der uns atemlos werden lässt? Sind es nicht unsere Wünsche, unsere Pläne, unsere Erwartungen, die uns vorwärtstreiben, uns durchs Leben hetzen? Weil wir haben wollen, weil wir erreichen wollen, weil wir sein wollen, spannen wir unsere Kräfte an, rennen gegen Türen, durch die wir hindurchwollen, und leiden darunter, wenn sie verschlossen bleiben.

Die Weisheit Asiens sagt: Lass los! Höre auf zu streben und zu begehren! Das Wollen ist die Ursache allen Leids. Die Weisheit des Advents sagt: Du musst dich nicht selber retten. Der Retter ist längst unterwegs. Du musst dein Glück nicht erkämpfen, du brauchst es nur anzunehmen mit offenem Herzen und leeren Händen.

»Ein Herz, das kann man nicht kaufen, auch wenn sich das mancher so denkt«, heißt es in einem alten Schlager. Nicht alle haben das verstanden. Sie antworten auf ihre Sehnsucht mit Arbeit, auf ihre innere Leere mit äußeren Erfolgen, auf ihre Selbstzweifel mit Konsum. Doch je mehr man sich anstrengt, umso schlimmer wird es. Je mehr man kämpft, umso weiter entfernt man sich vom Ziel. Der Schlager bietet die Lösung an: »Ein Herz, das kann man nicht kaufen, auch wenn sich das mancher so denkt, doch wenn du Glück hast, doch wenn du Glück hast, bekommst du es geschenkt.« Die wirklich wichtigen Dinge im Leben fallen uns zu wie ein Geschenk. Wir können sie nicht managen und nicht kaufen, können sie nicht »machen«, sondern nur dankbar annehmen. Auch das gehört zum Geheimnis von Weihnachten: Im Kind von Betlehem ist der Retter gekommen. Wir müssen ihn nur einlassen in unser Leben.

Stichworte Weihnachten, Geschenk, Glück, Leistung, Loslassen
Bibelstellen Spr 14,30; Mt 18,1–4; Mk 10,15

»… und Friede den Menschen …«

Die Nachrichten aus aller Welt sind erschütternd: Krieg, Gewalt, Terror an allen Ecken der Erde. Von unvorstellbaren Grausamkeiten wird berichtet. Hilflos müssen wir zuschauen, wie Menschen sich gegenseitig abschlachten. Die Gewalt betrifft Junge und Alte, geht quer durch Völker und Religionen. Blut an den Händen haben alle, gleich welchem Kulturkreis oder welchem Glauben sie angehören.

Und doch halten wir fest an dem uralten Friedensgruß aus biblischer Zeit: »Friede sei mit dir, Friede mit deinem Haus, Friede mit allem, was dir gehört.« (1 Sam 25,6) Wir beten den 3000 Jahre alten Psalmvers: »Der HERR segne sein Volk mit Frieden.« Gegen den Donner der Kanonen und Bomben setzen wir den Gesang der Engel mit der Botschaft vom Frieden auf Erden.

Es ist kein Zufall, dass der Evangelist Lukas ein neugeborenes Kind mit der Friedenshoffnung verbindet. Die damalige Zeit hatte ja bereits einen berühmten Friedensbringer: den Kaiser Augustus. Unter seiner Regierungszeit dehnte sich das Römische Reich aus wie nie. Es herrschten Wohlstand und Frieden. Der Augusteische Friede war sprichwörtlich geworden. Aber es war ein Friede der Macht, der eisernen Faust, die jeden Widerstand unterdrückte. Diesem militärisch erzwungenen Frieden setzte Lukas ein Kind entgegen, das der Welt einen anderen Frieden bringen sollte. »Selig, die Frieden stiften«, sollte es später sagen und mit seinem eigenen Blut bezeugen. Nicht von außen, nur von innen kann der wahre Frieden kommen.

Und dann geschieht manchmal ein Wunder wie das des berühmten Weihnachtsfriedens von 1914. An Weihnachten, als sich deutsche und englische Soldaten in den Schützengräben des 1. Weltkriegs gegenüberlagen, ereignete sich an manchen Frontabschnitten etwas Wunderbares: »Stille Nacht« sangen die einen, »silent night« die anderen, und dann kam man vorsichtig aus den Gräben heraus, setzte sich zusammen, zündete Kerzen an, teilte das spärliche Essen und zeigte sich gegenseitig Familienfotos. Für ein paar Stunden schwiegen die Waffen, und unter dem Weihnachtsstern entdeckten Soldaten, dass sie Brüder sind.

Stichworte Weihnachten, Frieden, Versöhnung
Bibelstellen Lev 26,3–6; 1 Sam 25,6; Jes 9,5; 32,17; Ps 29,11; 34,15; 85,9–11; Mt 5,9.25; 10,12; Lk 2,8–16

Friede kann wachsen

Wie finden wir zum Frieden? Militärische Macht und gegenseitige Abschreckung helfen nicht wirklich weiter. Gewalt erzeugt immer Gegengewalt. Ob in der Politik oder im Privatleben: Wer zum Nachgeben gezwungen wird, sinnt immer auf eine Gelegenheit zur Rache. Nur Gerechtigkeit schafft Frieden. Davon ist die Bibel überzeugt. »Gerechtigkeit und Frieden küssen sich«, heißt es im 85. Psalm. »Das Werk der Gerechtigkeit wird der Friede sein«, lesen wir beim Propheten Jesaja. Terrorismus in der Welt genauso wie Streit unter Nachbarn oder in Familien lassen sich nur durch Gerechtigkeit überwinden. In allen Konflikten sind die Lösungen die besten, die beiden Seiten gerecht werden. Frieden hat auch etwas zu tun mit einer persönlichen Einstellung. Vor 15 Jahren ist in Tel Aviv Folgendes passiert: Der 38-jährige Jude Jigal Asari spendete einem 45-jährigen Araber aus Akko eine Niere. Dafür spendete dessen Frau Asaris zehnjährigem Sohn ihre Niere. Dieser jüdisch-palästinensische Nierentausch war notwendig, weil sonst die Blutgruppen nicht zueinander gepasst hätten. Erst nach den gelungenen Operationen lernten beide Familien sich kennen. Asari sagte: »Es ist doch egal, ob es ein Jude oder Araber ist; das Wichtigste ist, Leben zu retten.«

Frieden kann wachsen, wenn wir uns jenseits aller Nationalitäten, Religionen und Machtinteressen auf diese gemeinsame Basis besinnen: dass wir alle Menschen sind und das gleiche Schicksal haben. Haben wir nicht alle denselben Ursprung und sterben denselben Tod? Träumen wir nicht alle den gleichen Traum von Liebe und Glück? Wir sorgen uns um unsere Kinder, fürchten uns vor Krebs, kämpfen um das tägliche Brot. Rot ist unser aller Blut. Gibt es nicht eine Verbundenheit, einfach, weil wir Menschen sind, weil das Leben schwer genug ist und mit 70, 80, 90 Jahren unausweichlich zu Ende geht? Als Christen könnten wir hinzufügen: Ist nicht Gottes Hand über uns allen? Ist er nicht das Geheimnis, das uns alle umgibt: aus dem wir kommen und zu dem wir gehen? Ist Jesus Christus nicht für uns alle gestorben? Sind wir nicht alle Kinder

Gottes – und damit Brüder und Schwestern? Wenn wir anfangen, nicht nur den Feind zu sehen, sondern auch den Menschen, vielleicht sogar den Bruder und die Schwester, dann kann Friede wachsen.

Die Hoffnung auf Frieden ist seit biblischen Zeiten mit dem Kind aus Betlehem verbunden: Friede den Menschen! In den Stürmen dieser Zeit, umgeben vom Terror der Bomben, mitten im Kampf der Weltmächte und dem Krieg der Soldaten entzünden wir das Friedenslicht, das Licht von Betlehem. An vielen Orten in aller Welt wird es als kleine Flamme leuchten.

Stichworte   Weihnachten, Friedenslicht, Gerechtigkeit, Kinder Gottes
Bibelstellen   Gal 3,26–29; 1 Joh 3,1f

Österliche Bußzeit und Osterzeit

Auch die österliche Bußzeit und die Osterzeit bieten viele Anlässe für spirituelle Verkündigungsimpulse. Insofern gelten die Hinweise zur Advents- und Weihnachtszeit auch hier. Als Leserinnen und Leser, die Anregungen für die eigene Verkündigung suchen, können Sie selbst am besten entscheiden, welcher Text für welchen Anlass passt. Oft geht ohnehin hervor, in welchem Kontext der jeweilige Text steht (z. B. Aschermittwoch, Gründonnerstag …)

Aschermittwoch

»Gedenke, Mensch, du bist Staub!«
Die ersten zehn Jahre damit noch nicht konfrontiert.
Im zweiten Jahrzehnt kaum wahrgenommen,
im dritten für so was keine Zeit.
Zwischen 30 und 40 Familie gegründet und Haus gebaut,
manchen Staub geschluckt, aber mitten im Leben.
Im fünften Jahrzehnt manchmal innegehalten.
Denk daran: Der Scheitelpunkt ist erreicht.
Ab fünfzig den Satz immer mal wieder im Ohr,
bei Beerdigungen zumeist. Ihre Zahl nimmt zu.
Die sechziger Jahre reden nicht mehr drum herum:
»Gedenke, Mensch, du bist Staub!«
Anwandlungen sind es, an trüben Tagen.
Sie kommen jetzt öfter zwischen 70 und 80.
Statistisch gesehen naht bald dein Ende.
Doch du bist noch fit, hast noch manches vor.
Im neunten Jahrzehnt kannst du es nicht mehr verdrängen:
Jedes Jahr kann jetzt dein letztes sein.
Aber du lebst und du liebst, als sei es noch Herbst
und es gäbe noch manche Früchte zu ernten.

»Und zum Staub kehrst du zurück.«
Und andere hören den Satz am Grab,
wie einst du.

Stichworte Vergänglichkeit, Sterben
Bibelstellen Gen 3,19; Ijob 10,9; 34,15; Ps 90,3; 103,14; 104,29; Koh 3,20;
Sir 33,10

Die neue Leichtigkeit des Seins

Entrümpeln Sie gelegentlich Ihre Wohnung? Man sollte es immer wieder
tun, empfehlen die Ratgeber für ein glückliches Leben. Volle Keller und
Dachböden, überfüllte Schränke und Schubläden verhindern das Durch-
atmen.

Wohnungseinrichter berufen sich auf die chinesische Lehre des Feng-
Shui: Die Lebensenergie muss fließen können. Sie darf nicht blockiert
werden durch verstopfte Zimmer und überflüssige Möbel.

Die Lebensenergie wieder fließen lassen – das ist ein guter Vorsatz für
die Fastenzeit. Entrümpelung der Seele. Frei werden von eingefahrenen
Gewohnheiten, die mich blockieren. Mich nicht festklammern an meinen Wünschen, an den Bildern, die ich mir vom Leben gemacht habe.

Was hat sich nicht alles angesammelt in mir im Lauf der Jahre! Alte
Kränkungen, die ich mit mir herumschleppe, Enttäuschungen und Bit-
terkeit, die meine Erinnerung füllen. Ich kann sie loslassen, darf sie aus-
sortieren und entsorgen aus meinem Leben. Ich kann damit anfangen,
Ballast abzuwerfen. Dann beginne ich etwas zu ahnen von der neuen
Leichtigkeit des Seins, von der Freiheit der Kinder Gottes.

Eine aufgeräumte Wohnung gibt neuen Schwung. Wenn die Seele gelüf-
tet ist, wird mir das Herz leicht. »Du führst mich hinaus ins Weite«, beten wir in einem Psalm. »Du schaffst meinen Schritten weiten Raum.
Mit meinem Gott überspringe ich Mauern.«

Die Kraft, die von ihm kommt, soll fließen dürfen in unserem Leben.

Stichworte   Ballast abwerfen, Entrümpeln, Lebensenergie, Leichtigkeit des Seins, Freiheit der Kinder Gottes

Bibelstellen   Ps 18,20.30.37

Besondere Einsatzmöglichkeiten   Bußakt, Bußgottesdienst

Zur Freiheit befreit

»Opfer bringen« – das war in meiner Kindheit das Motto der Fastenzeit. Auf Süßigkeiten verzichten! Auf Fernsehen verzichten! Brav sein! Ich kenne Menschen, bei denen sich das bis heute festgesetzt hat: Das Christentum ist eine Religion des Verzichts. Du darfst nicht! Du sollst! Du musst! Eine Religion der Verbote. Entsagung statt Lebensfreude! Kontrolle und schlechtes Gewissen statt aufrechter Gang und Lust am Leben. Deshalb seid ihr auch so miesepetrig und verklemmt, ihr Christen, wirft man uns vor. »Bessere Lieder müssten sie mir singen, dass ich an ihren Erlöser glauben lerne: erlöster müssten mir seine Jünger aussehen!«, hatte schon Friedrich Nietzsche vor 100 Jahren gespottet. Unsere eigene Lebenserfahrung bestätigt es: Wer nicht genießen kann, wird bald selbst ungenießbar.

Viele Verdrehungen und Verirrungen im Lauf der Geschichte haben ein solches Zerrbild von Kirche und Christentum erzeugt. Eine tragische Fehlentwicklung. Denn im Kern ist unser Glaube eine Religion der Freiheit, ist der Gott, an den wir glauben, der Gott des Lebens. »Wo der Geist des Herrn wirkt, da ist Freiheit«, schrieb einst Paulus den Christen in Korinth. Und 1000 Jahre früher ruft der Beter des 16. Psalms Gott zu: »Freude in Fülle vor deinem Angesicht.«

Freiheit und Freude sind Schlüsselworte der Bibel. Sie sind die Erkennungszeichen unseres Glaubens. Wenn die Freiheit verschüttet ist, wenn unser Leben eng und farblos geworden ist, wenn wir die Freude verloren haben, dann braucht es den Weckruf: »Steh auf, fang wieder an zu leben!« Die Fastenzeit ist die Zeit des Erwachens. Aufstehen zum Leben. Auferstehung. Darum geht es in diesen 40 Tagen.

Stichworte Opfer, Verzicht, Freiheit, Freude
Bibelstellen Ps 16,11; 2 Kor 3,17; Gal 5,1.13
Besondere Einsatzmöglichkeit Erzählcafé

Vom wahren Fasten

Zum ehrwürdigen Vater kam einer aus der Gemeinde und sprach: »Meister, lehre mich das wahre Fasten!«

Der Meister erwiderte: »Wie hältst du es bisher?«

Er antwortete: »Ich verzichte auf feste Speisen, ich entsage den Zerstreuungen, ich halte meinen Willen in Zucht.«

»Und wie geht es dir, wenn du all das tust?«, fragte der Meister.

Jener antwortete: »Große Kraft verlangt es von mir, so zu leben, und oft bin ich missgelaunt und das Gemüt ist mir schwer und meine Rede zu den Menschen ist hart.«

Der Meister erwiderte: »Wahres Fasten, mein Freund, macht die Schritte beschwingt und die Seele heiter, und zärtlich ist der Umgang mit dem Bruder, der Schwester.«

»So lehre mich solches Fasten«, entgegnete jener.

Der Meister antwortete: »Richte deinen Sinn nicht auf das, was du isst und auf die Genüsse des Lebens. Öffne dein Herz und spüre, wovon es erwärmt wird. Das musst du suchen. Sorge an erster Stelle, dass deine Augen leuchten. Denn in ihnen spiegelt sich deine Seele. Lass alles los, was du glaubst, sein zu müssen, und warte in Demut, bis deine leeren Hände sich füllen ...«

»Dies«, so endete der Meister, »ist der einzige Weg, den ich dir zeigen kann.«

Stichwort Fasten

Palmsonntag

Wer im Kino oder im Fernsehen einen anspruchsvollen Film anschaut, merkt sofort: Hier wird nicht einfach eine Geschichte erzählt, die die Ereignisse der Reihe nach darstellt. Ein guter Film macht Hintergründe sichtbar, bewegt sich auf mehreren Ebenen, deutet an, dass es hinter der erzählten Geschichte weitere Geschichten gibt. Es ist ja die Kunst eines Films, dass er in uns selbst etwas auslöst, dass er Gefühle weckt, dass er Phantasien in Gang bringt, dass durch die Filmgeschichte unsere eigene Lebensgeschichte aufgerufen wird und in Schwingung kommt.

Der Film verwendet dafür verschiedene Stilmittel: Es gibt Rückblenden, die etwas zeigen, das schon früher geschehen ist. Es gibt Vorausblenden in die Zukunft und manchmal verrät auch die Musik oder die Kameraeinstellung, was gleich passieren wird. Meisterhafte Filme arbeiten auch gerne mit Zitaten. Sie verwenden Kurzszenen oder Bilder, die an andere Filme erinnern. Damit wird gewissermaßen ein weiterer Film eingeblendet und die erzählte Geschichte andeutungsweise mit einer anderen Geschichte verknüpft.

Eine solche »Filmtechnik« verwendet auch die Liturgie des heutigen Tages. Und sie begegnet uns in den biblischen Texten von heute.

Die Hauptgeschichte unseres »Palmsonntagsfilms« wird im Evangelium erzählt: Jesus zieht in Jerusalem ein. Die liturgische Regie nimmt im nächsten Text, den wir als Lesung hören, eine Rückblende vor: Das dritte Lied vom Gottesknecht aus dem Alten Testament wird verkündet, von jenem geheimnisvollen Schmerzensmann, der Schmähung und Leid auf sich genommen hat, ohne zurückzuweichen.

In die Geschichte vom umjubelten Einzug Jesu in Jerusalem wird also durch eine Rückblende die Gestalt des leidenden Gottesknechtes eingefügt. Die Hosianna-Stimmung wird gleichsam unterlaufen durch die Erinnerung an Schmähungen und Speichel.

Aber es kommt noch dicker: Auf uns wartet auch noch eine Vorausblende. Wir hören, wie die Geschichte des Palmsonntags weiterging. Die Liturgie macht einen Zeitsprung einige Tage vorwärts und konfrontiert uns mit der Geschichte vom Leiden und Sterben Jesu. Damit ist die Triumphgeschichte von der Ankunft Jesu in Jerusalem verknüpft mit seiner Leidensgeschichte, und der bejubelte Davidssohn, der messianische König Israels, wird unterlegt mit dem Bild des leidenden Gottesknechts. Aber nicht nur die liturgische Regie kombiniert diese gegensätzlichen Geschichten. Auch im Evangelium selbst finden sich verborgene Zitate und Spannungen.

Da ist zum Beispiel der Esel: Während Könige und Herrscher in damaliger Zeit hoch zu Ross daherkommen, reitet Jesus auf einem Esel. Die Juden damals verstanden sofort, dass Markus damit ein Zitat in seine Jesuserzählung einbaute: Der Messias ist demütig und reitet auf einem Esel. So hatte es der Prophet Sacharja angekündigt. Ein Esel im Kontrast zu den Streitwagen und Rossen der damaligen Könige!

Und weitere Anspielungen folgen, die wir heute oft übersehen, die den damaligen Hörern des Markusevangeliums aber sofort ins Auge sprangen: Die Jubelrufe der Menschen sind ein Zitat aus einem anderen Film, den Markus hier kurz einblendet, aus dem Film von der Königssalbung Salomos, bei der die Menschen ausriefen: »Es lebe König Salomo!« (1 Kön 1,39). Und dass Kleider ausgelegt und Zweige auf den Weg gestreut werden, das erkannten die Hörer des Markusevangeliums sofort als das übliche Ritual bei der Inthronisation eines Königs.

Doch gleich erfolgt die Irritation: Während üblicherweise ein neuer König von Stadt und Tempel Besitz ergreift, schaut Jesus sich nur alles an und kehrt am Abend zurück.[1]

Das Evangelium und die Liturgie des Palmsonntags erzählen zwei gegenläufige Geschichten: Im Vordergrund steht die Erzählung vom Messias Jesus, der unter Jubel nach Jerusalem zieht. Endlich ist er da, der König, der die Römer aus dem Land jagen wird und das Reich Davids von Neuem errichtet. Doch im Hintergrund zeigt sich schon unübersehbar eine andere Geschichte: Kein Herrscher kommt hier hoch zu Ross,

---

1   Vgl. Martin Ebner, Das Markusevangelium, Stuttgart 2008, 116–118.

sondern der verheißene Friedensbringer, barmherzig und demütig. Er übernimmt nicht die Macht, sondern stellt sich auf die Seite der Ohnmächtigen, er kommt nicht als siegreicher Herr, sondern trägt die Züge des leidenden Gottesknechts, er erobert nicht im Triumphzug die Stadt, sondern wird blutend und mit dem Kreuz auf der Schulter aus der Stadt hinausgeführt.

Haben wir uns so den Messias vorgestellt? Hätten wir nicht lieber einen anderen Gott? Einen, der mächtig eingreift und für Ordnung sorgt? Der Flugzeugabstürze verhindert, der unsere Krankheiten wegnimmt und Hilfe gewährt, wenn wir in Not sind? Oft wünschen wir uns den großen König, der über allem thront, der alles lenkt und alles im Griff hat.

Heute ahne ich, dass Jesus ein anderer Messias und sein Gott ein anderer Gott ist. Nicht Macht und Sieg, sondern Erbarmen und Liebe! Nicht Eingreifen von oben, sondern Mitgehen unten! Und wenn die Angehörigen der mit dem Flugzeug Abgestürzten fragen: »Wo warst du, Gott?«, dann höre ich die leise Antwort: »Dort war ich, im Flugzeug, neben den Zerschellten. Und wenn du mich suchst, findest du mich hier, hier bei den Weinenden, an deiner Seite.« »Mehr hast du nicht zu bieten?«, höre ich fragen, und ich vernehme die Antwort: »Weniger nicht.«

Stichworte   Gottesknecht, Messias, König, Ohnmacht, Solidarität
Bibelstellen   Jes 50,4–7; Mk 11,1–11; 14,1 – 15,47
Besondere Einsatzmöglichkeit   Palmsonntag, hier vor allem Bezug auf Lesejahr B

Gründonnerstag – die Geschichte in der Geschichte

Im Rückblick sieht manches anders aus. In die Erinnerung mischt sich Deutung. Eine Begebenheit wird zum Teil einer Geschichte und damit aufgeladen mit neuen Bedeutungen. Die Geschichte wiederum hat eine Vorgeschichte, in deren Licht sie eine ganz besondere Farbe bekommt. Und sie hat eine Wirkungsgeschichte, wird aufgenommen, weitererzählt, mit neuen Bedeutungen angereichert. Jeder Text steht in einem Kon-Text, entstammt Kon-Texten und spricht in Kon-Texte hinein.

Das »Letzte Abendmahl« Jesu ist so eine Begebenheit, über die an vier Stellen des Neuen Testaments berichtet wird. Sie ist Teil der Passionsgeschichte Jesu und damit Teil seiner Lebensgeschichte. Die Erzähler dieser Begebenheit interessieren sich aber nicht für die historischen Fakten, sondern geben ihr ein hochkarätiges theologisches Gewicht, indem sie den Kontext der Exodusgeschichte und der Paschafeier ins Spiel bringen. Diese Geschichte wiederum besteht selbst aus mehreren Schichten: Erzählt wird der Auszug aus Ägypten, der etwa um 1200 v. Chr. erfolgt sein könnte, wobei die Zeitangaben allerdings widersprüchlich sind. Eigentlicher Kontext der Auszugsgeschichte ist die Herrschaft der Assyrer über das Volk Israel im 8./7. Jahrhundert vor Christus. Zusätzlich spiegelt sich in der Geschichte auch die Babylonische Gefangenschaft Israels nach der Zerstörung des Tempels 587 v. Chr. Das alles wird in der Erzählung nach Ägypten verlagert, in eine längst vergangene Zeit, und als Exodus- und Paschageschichte überliefert. Geknechtet von den Assyrern, 200 Jahre später nach Babylon verbannt, ohne Heimat, ohne Tempel, ohne Macht, tief erschüttert im Glauben an einen Gott, der die Katastrophe nicht verhindert hat, erzählt man sich im Volk die Hoffnungsgeschichte vom Auszug aus Ägypten. Es ist ein tiefes Glaubensbekenntnis: an einen Gott, der sich gegen allen Augenschein als der wahre Gott erweist, als der Bundesgott, der sein Volk befreien und retten wird und der es herausführt durch die Todeswasser und begleitet durch die Wüste ins verheißene Land.

In den Kontext dieser vielschichtigen Rettungs- und Befreiungsgeschichte wird die Erzählung vom Letzten Abendmahl Jesu hineingestellt und damit hochgradig theologisch eingefärbt. Wieder geht es um Leben und Tod. Wieder geht es um Befreiung und Rettung. Wieder wird das Blut zum Bundessymbol. Und wieder erweist sich Gott als der Befreier, der seinen Sohn nicht im Stich lässt, so wie er damals seinem Volk die Treue gehalten hat.

In der Abendmahlsgeschichte spiegelt sich schon die Passionsgeschichte: Der zerbrochene Leib am Kreuz und das vergossene Blut deuten sich an im gebrochenen Brot und im dargereichten Wein.

Im liturgischen Mahl der Christen findet schließlich die Geschichte ihre Fortsetzung bis heute. Wenn wir zusammenkommen und Eucharistie feiern, dann wird das Letzte Abendmahl Jesu lebendig, dann treten wir ein in die lange Pascha- und Befreiungtradition Israels, rufen wir in Erinnerung, wie Jesus gestorben und auferstanden ist, gedenken wir des Bundes, der weit zurückreicht in die Geschichte des Gottesvolkes, der von neuem Gestalt angenommen hat im Schicksal Jesu und in den wir uns einbezogen glauben bis heute. Und all diese Begebenheiten, Geschichten und Erinnerungen werden gegenwärtig, beziehen uns ein in den langen Glaubensstrom vieler Generationen. Wir selbst nehmen Platz am Tisch, empfangen das Brot, vollziehen den geheimnisvollen Übergang vom Tod zum Leben, werden Teil jener uralten Geschichte, in der sich unser Glaube verdichtet.

Stichworte Abendmahl, Befreiung, Bund, Exodus, Gründonnerstag, Pascha
Bibelstellen Ex 12,1–14; 1 Kor 11,23–26; Mt 26,17–29; Mk 14,12–25; Lk 22,7–20

An die Verkündiger

Das Herz erwärmt ihr mir nicht,
wenn ihr erklärt
mit Thomas von Aquin und all den Gelehrten,
wie der Wein wird zum Blut
und wie vom Brot
die Gestalt zwar bleibt,
doch die Substanz sich wandelt.

Schwer nachzuvollziehen für mich
und für die Menschen von heute,
dass der Glaube ersetzen muss,
was das Auge nicht erkennt.

Erzählt mir lieber die Geschichten
von dem, der das Brot brach
und den Becher reichte
und in den Tod ging,
doch den Gott nicht verließ
und ihn befreite
aus dem Dunkel des Grabes,
wie er auch damals gerettet hat
sein Volk
in Ägypten und Babylon.

Erzählt mir von ihm,
der sich hingab wie Brot
und dessen Blut geflossen ist
auch für mich.

»Dieser Mensch war Gottes Sohn« – Zur Leidensgeschichte nach Markus[2]

Markus hat sein Evangelium vermutlich in Rom geschrieben, kurz nach dem Jahr 70. Damals hatte gerade einer der spektakulärsten Triumphzüge in der Geschichte Roms stattgefunden. Kaiser Vespasian feierte seinen Sieg über die Juden. Er hatte Jerusalem erobert und den Tempel zerstört. Jetzt marschierte er in feierlichem Zug in Rom ein.

---

2   Ich greife hier mehrere Hinweise und Formulierungen auf von: Martin Ebner, Das Markusevangelium, Stuttgart 2008; Ders., Das Markusevangelium, in: M. Ebner, S. Schreiber (Hg.), Einleitung in das Neue Testament, Stuttgart 2008, 154–183.

Der Ablauf von Triumphzügen war in Rom genau geregelt. Menschen säumten die Straße und jubelten dem Triumphator zu. Vor ihm marschierten die Senatoren und hohen Beamten und die Hornbläser. Die Kriegsgefangenen wurden mitgeführt und zur Schau gestellt. Man zeigte die Kriegsbeute und stellte Szenen aus den siegreichen Schlachten dar. Ganz hinten folgten die Soldaten ihrem siegreichen Feldherrn und Kaiser.

Dieser saß in einer Kutsche, von vier Pferden gezogen. Er war in eine purpurne Toga gekleidet, darunter eine prächtig bestickte Tunika. In der einen Hand hielt er einen Lorbeerkranz, in der anderen ein elfenbeinernes Zepter mit einem Goldadler, dem Wahrzeichen Roms.

Dieses Bild war den römischen Christen vor Augen, als Markus ihnen mit seinem Evangelium ein anderes Bild, ein Gegenbild anbot. Seine Passionsgeschichte hat er als bewussten Kontrast zum Triumphzug des mächtigsten Mannes der damaligen Welt gestaltet.

Als Erstes fällt auf: Jesus kommt nicht in einem Streitwagen nach Jerusalem, sondern reitet auf einem Esel. So haben die Propheten das Kommen des messianischen Friedenskönigs angekündigt. Der Jubel der Leute am Weg und die ausgebreiteten Kleider und Zweige erinnern zwar an einen Festzug, geben aber doch ein ganz anderes Bild ab als der inszenierte Pomp in Rom.

Der Triumphzug des Kaisers endet auf dem Kapitol, wo er im Tempel dem Jupiter ein Opfer darbringt. Kapitol ist der Name für einen der Hügel Roms. Der Schädel des Etruskerkönigs Olus soll dort begraben sein. Daher hat der Hügel seinen Namen: caput Oli. Der Weg Jesu endet auch auf einer Schädelstätte: auf dem Berg Golgota, das heißt übersetzt: »Ort des Schädels«. Und auch er bringt ein Opfer dar: sich selbst.

Doch zuvor ist er in der Geißelungsszene noch zum Spottkönig gemacht worden: Die Soldaten legen ihm einen Purpurmantel um die blutig geschlagenen Schultern und setzen ihm eine Dornenkrone auf – eine deutliche Anspielung auf die rote Toga und den Lorbeerkranz. Vor diesem Zerrbild eines Königs beugen sie die Knie und huldigen ihm zum Spott.

Auf dem Höhepunkt eines römischen Triumphzuges wurde dem Triumphator Wein angeboten, den dieser aber ausschlagen musste. Ebenso hat Jesus den mit Myrrhe vermischten Essigwein verweigert, den man ihm reichte. Und auch das Schlussbild ist bezeichnend: Kaiser Vespasian wurde links und rechts von seinen beiden Söhnen Titus und Domitian flankiert, die nach ihm Kaiser wurden: ein Trio der Macht und des Sieges unter dem Triumphbogen von Rom. Auf der anderen Seite Jesus mit den beiden Räubern links und rechts, ein Trio der Ohnmacht an den Kreuzen auf dem Berge Golgota.

Die römischen Christen haben den Kontrast, den Markus zeichnete, sofort verstanden: Vespasian, der hochgejubelte römische Kaiser, und Jesus, der Wanderprediger aus dem kleinen Nazaret. Hier der Aufsteiger, der mit eisernem Fuß über Leichen geht, um auf den Thron zu kommen, dort der Menschensohn, der Gottesknecht, der den Weg des Leidens geht und sein eigenes Leben opfert.

Der höchste Ehrentitel, den ein römischer Kaiser erreichen konnte, war, dass man ihn »Sohn eines Gottes« nannte. Markus lässt am Ende seiner Jesusgeschichte ausgerechnet einen römischen Hauptmann über Jesus die Worte sprechen: »Wahrhaftig, dieser Mensch war Gottes Sohn.« (Mk 15,39)

Um dieses Glaubensbekenntnis geht es Markus. Seine Erzählung vom Leidensweg Jesu steuert auf diese Botschaft zu. Zweimal, bei der Taufe im Jordan und auf dem Berg der Verklärung, hatte ihn eine »Stimme aus dem Himmel« Gottes Sohn genannt. Jetzt, in der Stunde seines Todes, bekennt der römische Hauptmann: »Dieser Mensch war Gottes Sohn.«

Ich finde es erstaunlich, dass viele Römer von diesem Glauben fasziniert waren: Nicht der mächtige Kaiser, der siegreiche Feldherr, der über Legionen und über ein Weltreich gebietet, ist der wahre Sohn Gottes, sondern der Mann am Kreuz. Nicht der Triumphzug des Mächtigen erreicht die Herzen, sondern der Leidensweg des Ohnmächtigen. Dabei ist doch klar: Wer dem Kaiser folgt, steigt wahrscheinlich auf der Karriereleiter nach oben, wer Jesus folgt, wählt den Abstieg zu den Menschen ganz unten. In den Spuren Jesu gehen wir nicht auf der Siegerstraße, sondern auf dem Weg der Liebe und des selbstlosen Dienstes.

Ich glaube, auch wir Heutigen stehen immer wieder vor dieser Wahl. Zwar ist das Christentum inzwischen zur Weltreligion geworden und die Kirche hat in ihrer Geschichte immer wieder das triumphale Gehabe der römischen Kaiser übernommen, aber die Karwoche holt uns jedes Jahr zurück auf den wahren Boden unseres Glaubens. Es ist die für Außenstehende wahrscheinlich unbegreifliche Botschaft, dass wir nicht auf Triumphzüge setzen, sondern auf den geschundenen und gequälten Mann aus Nazaret. Er hat am Kreuz sein Leben gelassen, weil er nicht aufhören wollte, den Weg der Liebe zu gehen und die Barmherzigkeit Gottes zu verkünden.

Er ist es, dem wir unser Leben anvertrauen. In ihm, dem Mann am Kreuz, liegt all unser Trost und all unsere Hoffnung. Er ist das Geheimnis unseres Glaubens.

Bibelstelle   Mk 14,1 – 15,47

Den Teufelskreis durchbrochen – Zur Leidensgeschichte nach Matthäus

An welcher Szene, welchem Satz sind Sie besonders hängen geblieben? Als Kind und Jugendlicher haben mich zwei Szenen beeindruckt: Einmal die Stelle, wo die Leute Jesus verspotten: »Wenn du Gottes Sohn bist, hilf dir selbst, und steig herab vom Kreuz!« Die Hohenpriester, Schriftgelehrten und Ältesten fügen noch hinzu: »dann werden wir an ihn glauben«. Ich habe mir dann immer vorgestellt, dass Jesus wirklich vom Kreuz steigt und es allen zeigt. Was wäre das für ein Paukenschlag am Ende der Geschichte! Zu meiner Enttäuschung ist Jesus nicht eindrucksvoll vom Kreuz herabgeschwebt. Im Gegenteil: Wir hören seine Worte: »Mein Gott, mein Gott, warum hast du mich verlassen?« – was ihm erneut Spott einbringt.

Schon eher auf meine Kosten gekommen bin ich bei der zweiten Szene, die mich als Kind fasziniert hat: Der Tempelvorhang zerreißt, die Erde bebt, die Gräber öffnen sich und Tote erscheinen. Weltuntergangsstimmung! Alle erschraken. Das hat mir gutgetan. Jetzt hätten sie doch kapieren müssen, was sie angerichtet haben. Aber nur der römische Hauptmann und seine Soldaten sprechen es aus: »Wahrhaftig, das war Gottes Sohn!«

Heute weiß ich: Matthäus hat das aus theologischen Gründen so erzählt. Am Anfang, beim Einzug nach Jerusalem, stand die Frage: Wer ist das? Die Antwort der Juden darauf war ungenügend. Am Ende der Geschichte wird die richtige Antwort gegeben: Wahrhaftig, das war Gottes Sohn. Und nicht die Juden sind es, die diese Antwort geben, sondern die ungläubigen Römer, die Heiden.

Auch die Erzählung vom Erdbeben und den geöffneten Gräbern ist eine theologische Botschaft, die die Juden damals sofort begriffen haben. Matthäus spielt an auf ein Wort des Propheten Ezechiel: »So spricht GOTT, der Herr: Siehe, ich öffne eure Gräber und hole euch, mein Volk, aus euren Gräbern herauf. Ich bringe euch zum Ackerboden Israels. Und ihr werdet erkennen, dass ich der HERR bin, wenn ich eure Gräber öffne und euch, mein Volk, aus euren Gräbern heraufhole.« (Ez 37,12f)

Indem Matthäus diese Szene an die Passionsgeschichte anfügt, will er deutlich machen: Jetzt müsst ihr erkennen, wer der Herr ist – niemand anderes als Jesus, den ihr gekreuzigt habt.

Ich denke inzwischen nicht mehr so wie in meiner Kindheit. Jesus hätte nicht einfach vom Kreuz steigen können. Er war ein Mensch, mit aller Ohnmacht, allem Schmerz, aller Verzweiflung, denen wir Menschen ausgesetzt sind. Er hat nicht Mensch gespielt. Er konnte nicht einfach den Schalter umlegen und als göttlicher Superman das Kreuz verlassen. Er hat wirklich geblutet, wirklich gelitten, ist wirklich qualvoll gestorben. Warum? Heute glaube ich, dass manche Wunden nur von innen heilen können. Bosheit und Leid lassen sich nicht von außen bekämpfen. Wer auf Gewalt mit noch größerer Gewalt, auf Macht mit noch größerer Macht antwortet, bringt keine Erlösung. Es musste einer kommen, der die Spirale durchbrach, indem er nicht seine Macht ausspielte, sondern die Ohnmacht auf sich nahm. Einer, der nicht kämpfte, sondern der ertrug. Einer, der Hass und Bosheit nicht ausrottete, sondern aushielt. Manche Verletzung kann nur von innen heraus Heilung finden. Wer je große Trauer erlebt hat, weiß, dass man sie nicht unterdrücken und vor ihr nicht ausweichen kann. Nur wenn man sie durchleidet bis zum Grund, kann sie heilen.

Ich bin froh, dass Jesus nicht vom Kreuz herabgestiegen ist. Weil er dem Unrecht, der Verblendung, der rohen Gewalt nichts entgegengesetzt hat als seine wehrlose Liebe, hat er den Teufelskreis durchbrochen. »Erlösung« nennen wir es.

Bibelstelle   Mt 26,14 – 27,66

Kreuzwegmeditationen
1. Station: Jesus wird zum Tode verurteilt
Sie hatten Jesus beim römischen Statthalter angeklagt. Ihr Antrag: Todesstrafe.
Pilatus ahnte, dass Jesus unschuldig war.
Er hätte ihn gerne frei gelassen. »Seht doch, da ist euer König.«
Doch die öffentliche Stimmung war dagegen: »Kreuzige ihn!«
Da gab Pilatus nach.
Ausgeliefert,
blutend,
verspottet.
Schaut her: Er ist doch ein Mensch!
Urbild des geschundenen, gequälten, verachteten Menschen –
bis heute.

2. Station: Jesus nimmt das Kreuz auf seine Schultern

Rückblende: Jahrhunderte vor Jesus
Eine geheimnisvolle Gestalt taucht auf.
Knecht Gottes nennt sie die Bibel.
Die ersten Christen entdeckten:
Jesus ist wie dieser Gottesknecht:
geschlagen, gebeugt, durchbohrt.
Die Bilder vermischen sich
und die Christen fangen an zu begreifen:
Es ist unser Schicksal, das er geteilt hat,
es sind unsere Schmerzen, die er ertragen hat.
Unser Kreuz auf seinen Schultern.
Jesus, Gottesknecht – an unserer Seite, mitten im Leid.
Durch seine Wunden können unsere Wunden heilen.

3. Station: Jesus fällt zum ersten Mal unter dem Kreuz

Knecht Gottes,
misshandelt und niedergedrückt,
stumm erträgst du das Unrecht,
opferst dich für die Liebe.
Jesus im Staub der Erde,
gefallen unter der Last des Kreuzes,
doch unbeirrbar auf deinem Weg.
Du gehst zu Boden, damit wir aufstehen können.

4. Station: Jesus begegnet seiner Mutter

Seine Mutter war Jesus gefolgt.
Letzte Begegnung am Kreuz.
Letzte Worte,
letzte Botschaft an uns:
Sie, die Schmerzgebeugte,
soll auch unsere Mutter sein.

Verbunden im Leid.
Verbunden in der Liebe.

5. Station: Simon von Zyrene hilft Jesus das Kreuz tragen

Einer hilft, das Kreuz zu tragen.
Entlastung für die müden Schultern.
Simon aus Zyrene – einer von uns trägt dem das Kreuz,
der es für uns getragen hat.
Ein bleibendes Bild bis heute:
Einer trage des anderen Last.

6. Station: Veronika reicht Jesus das Schweißtuch

Berühmte Szene: das Schweißtuch.
Zärtliche Geste der Anteilnahme.
Es gilt bis heute:
Wer das Blut des Geschundenen abwischt,
wer die Tränen der Leidenden trocknet,
macht Jesu Antlitz sichtbar in unserer Welt.
Aus jedem von uns soll es leuchten.

7. Station: Jesus fällt zum zweiten Mal unter dem Kreuz

Manchmal wird das Kreuz unerträglich.
Wir können nicht mehr,
sind am Ende.
Doch noch im Zusammenbruch
ist er neben uns –
der Kreuzträger von Golgota.
Mit uns stürzt er zu Boden.
Mit ihm stehen wir auf.

8. Station: Jesus begegnet den weinenden Frauen

Jesus hatte Anhängerinnen.

Sie unterstützten ihn und waren seinem Weg lange gefolgt.

Jetzt, auf seinem letzten Weg, begegnen sie sich.

Die Tränen, die sie weinen, weinen auch wir.

Ihre Trauer erfüllt auch uns:

Was, Jesus, tut man dir an!

Die Antwort Jesu ist wie ein Spiegel.

Die Menschen aller Zeiten können sich darin sehen:

Was tut ihr euch selber an!

9. Station: Jesus fällt zum dritten Mal unter dem Kreuz

Noch einmal bricht Jesus zusammen.

Jahrhunderte vorher hat ein Beter seine Verzweiflung Gott so entgegen-
gerufen:

»Hingeschüttet bin ich wie Wasser,

gelöst haben sich all meine Glieder,

mein Herz ist geworden wie Wachs,

in meinen Eingeweiden zerflossen.« (Ps 22,15)

Kaum zu glauben, dass genau das unser Glaube ist:

Der Gott in der Höhe fällt tief in den Staub der Erde.

10. Station: Jesus wird seiner Kleider beraubt

Durch die Jahrhunderte hat sich dieses Bild der Ohnmacht eingeprägt:

der blutende Jesus, vom Kreuz fast erdrückt,

wehrlos, nackt, seiner letzten Würde beraubt.

So steht er bis heute an der Seiter derer,

die ein ähnliches Schicksal erleiden.

Bei ihnen ist er zu finden.

In ihnen begegnen wir ihm.

11. Station: Jesus wird an das Kreuz genagelt

Dort hängt er:

am Kreuz auf der Schädelhöhe.

Links und rechts die Verbrecher.

Festgenagelt,

weil er nicht lassen wollte

von der Botschaft der Liebe.

Der Gottesknecht,

ausgespannt zwischen Himmel und Erde.

Alles Leid der Welt

verkörpert in dem,

der Himmel und Erde verbindet.

12. Station: Jesus stirbt am Kreuz

Er stirbt unseren Tod.

Er teilt unsere Verzweiflung.

Mein Gott, mein Gott, warum hast du mich verlassen?

Sein Glaube aber ist unerschütterlich:

Vater, in deine Hände lege ich meinen Geist.

Sein Auftrag bleibt.

Liebt einander, wie ich euch geliebt habe.

So stirbt er am Kreuz.

Es ist vollbracht.

13. Station: Jesus wird vom Kreuz abgenommen und in den Schoß seiner Mutter gelegt

Jesus am Kreuz.

Ein unauslöschliches Bild.

Fast ebenso berühmt: ein zweites Bild:

Der tote Jesus auf dem Schoß seiner Mutter.

Urbild der Trauer: der Schmerz einer Mutter um ihr Kind.

Bis heute blicken Menschen auf sie

und finden darin Trost für ihren eigenen Kummer.
»Ach neige,
du Schmerzensreiche,
dein Antlitz gnädig meiner Not.«

14. Station: Der heilige Leichnam Jesu wird in das Grab gelegt
Gekreuzigt, gestorben und begraben.
Die Geschichte endet im Felsengrab des Josef von Arimathäa.
Das sind die letzten Bilder:
der in ein Leinentuch gehüllte Leichnam,
die Grabhöhle im Felsen.
Ein Stein davor.
Alles aus!
Doch die Geschichte ist noch nicht zu Ende.
Es folgt noch ein Kapitel.
Gott selbst wird es schreiben.
Er hat das letzte Wort.
Auch in unserem Leben.

Besondere Einsatzmöglichkeiten Die Texte können mit der Kreuzweg-andacht, Gotteslob Nr. 683, kombiniert werden, indem sie die dort angebotenen Meditationen ergänzen oder ersetzen.

Karfreitag – Warum »Erlösung«?
Oft haben wir in den letzten Jahren die Landkarte des Irak in der Tagesschau gesehen. Zwei Flüsse sind seitdem wieder ins Bewusstsein gerückt: Euphrat und Tigris. Das Land und die Flüsse begegnen uns schon in den ersten Kapiteln der Bibel. Hier soll einst der Garten Eden gewesen sein, das Paradies.
Wir wissen heute, dass das Paradies kein historischer Ort gewesen ist. Es ist ein theologisches Bild für die heile Welt am Anfang der Schöpfung.

Aber die Menschen der Bibel stellten sich vor: Dieser paradiesische Garten – das kann nur das fruchtbare Mesopotamien gewesen sein, das Land zwischen Euphrat und Tigris: dort, wo die großen Kulturen und Reiche der Menschheitsgeschichte ihren Ursprung haben; dort, wo die berühmten Städte des Altertums lagen: Uruk, Assur, Babylon, Ninive ... Dieses Land ist seit Jahren ein Schauplatz von Krieg und Gewalt. Ein symbolträchtiges Bild: der Garten Eden der Bibel in Flammen! Das ist die uralte biblische Erfahrung: Es ist der Mensch, der das Paradies zerstört. Als nach dem ersten Siegesrausch das große Erwachen kam, zeigte sich, dass nicht nur die Gebäude in Trümmer gegangen waren. Im Hagel der Streubomben und Kanonen ist die Menschlichkeit zugrunde gegangen. Mit den Toten ist auch der Glaube an die Gerechtigkeit gestorben und das Vertrauen, dass Menschen über Kulturen und Religionen hinweg friedlich zusammenleben können. Wenn das Paradies zerstört ist, dann wird der Mensch wieder dem Menschen zum Wolf.

Die Bibel weiß: Jenseits von Eden sieht das Leben anders aus. Der Keim des Misstrauens ist nie mehr auszurotten, der Funke der Gewalt kann sich immer wieder entzünden. Freundschaften werden vergiftet durch Gedanken des Neids, und mitten in der Liebe sitzt der Stachel der Eifersucht.

Wir kennen es doch: das Gefühl, nicht im Einklang zu stehen mit uns selbst, innerlich gespalten zu sein: hin- und hergerissen zwischen Wünschen, Überzeugungen und Ängsten.

Die Bibel nennt das »Sünde«. Und sie meint damit, dass etwas zerbrochen ist: in der Beziehung zu uns selbst, zu anderen Menschen und zu Gott. Wir haben das Paradies verloren. Und weil wir seitdem mit dieser Gebrochenheit leben müssen, tun wir einander weh, auch wenn wir es gar nicht wollen, fassen Vorsätze und können sie nicht halten, sagen Dinge, die uns hinterher leidtun, drücken uns vor Entscheidungen, weil uns der Mut dazu fehlt.

Auch wenn es das Paradies geschichtlich nie gegeben hat, als theologisches Bild enthält es eine tiefe Wahrheit. Es ist ein Hoffnungsbild, wie die Welt sein könnte, der menschheitsalte Traum von der Schöpfung Gottes, in der die Menschen leben, wie Gott sie gedacht hat: im Frieden miteinander und mit allen Geschöpfen, im Einklang mit sich selbst und im Einklang mit Gott.

Dieses Hoffnungsbild bringt unser Glaube in Verbindung mit einem anderen Bild, das heute in allen Karfreitagsgottesdiensten den Menschen vor Augen gestellt wird: mit dem Bild des gekreuzigten Jesus von Nazaret. In ihm, dem blutüberströmten Gehenkten am Kreuz, erkennt der Glaube die Hoffnung auf das verlorene Paradies: »Seht das Kreuz, an dem der Herr gehangen, das Heil der Welt«, singen wir.

Was wir am Karfreitag feiern, betitelt die Theologie mit dem großen Wort »Erlösung«. Um es zu verstehen, müssen wir an die Wurzeln dessen gehen, was die Bibel »Sünde« nennt. Was ist es, das seit Menschenbeginn den Bruch verursacht: Jene Gespaltenheit in uns selbst, jene Beziehungsstörung zu Gott, jenes Misstrauen den anderen gegenüber, die Saat von Unfrieden und Gewalt?

Eine Antwort lautet: Die Wurzel all dessen ist die Angst. Die Angst vergiftet das Zusammenleben. Sie ist der Wurm, der in unserem Herzen frisst, der das Vertrauen aushöhlt und die Liebe annagt. Der Kern der Sünde ist die Angst. Hinter all der Gier, mit der Menschen um Besitz und Einfluss kämpfen, hinter all dem Neid, all dem Misstrauen und Trotz, hinter all dem Machtkampf um die ersten Plätze steckt letztlich die Angst, ich könnte zu kurz kommen. Manche sagen: Wer als Kind nicht satt geworden ist, auch satt an Zuwendung und Liebe, der bleibt zeitlebens unersättlich. Und wenn wir anschauen, worunter wir selbst am meisten leiden, was uns innerlich umtreibt und was uns das Herz schwer macht, dann entdecken wir auf dem tiefsten Grund die Angst, wir könnten abgelehnt oder zu wenig geliebt werden.

Die Folgerung aus all dem lautet: Von der Sünde werden wir nur erlöst, wenn jemand uns von der Angst befreit. Die Angst vergeht – so haben wir es schon als Kinder erlebt –, wenn jemand an unsere Seite tritt, unsere Hand nimmt und bei uns bleibt. »Ich bin da« – so hat Gott einst am brennenden Dornbusch seinen Namen geoffenbart. In der Geburt Jesu ist seine Nähe am deutlichsten sichtbar geworden: Gott tritt für immer an unsere Seite.

Angst kann nicht durch Angst überwunden werden. Die Drohung mit einem strafenden Gott, der über unser Leben Buch führt, ist der falsche Weg. Die Angst auf dem Grunde unserer Seele kann nicht besiegt werden. Man muss sie heilen.

Jesus ist der Erlöser der Welt, weil er von innen heraus die Angst geheilt hat. Die Aussätzigen und Besessenen hat er berührt, die Armen und Trauernden seliggepriesen, und auf dem Ölberg und auf Golgota ist er selbst eingetaucht in Todesangst und Verzweiflung. Er starb, weil er nicht aufhören wollte zu verkünden: Gott ist größer als euer Herz.

Am Holz eines Baumes, so erzählt eine alte Geschichte der Bibel, haben die Menschen das Paradies verloren, weil ihre Angst, zu kurz zu kommen, größer war als ihr Vertrauen. Am Holz des Kreuzes, so erzählt die Geschichte, die wir am Karfreitag hören, hat Liebe die Angst besiegt.

Stichworte Sünde, Erlösung, Paradies, Angst, Karfreitag, Kreuz
Besondere Einsatzmöglichkeiten Über die Karfreitagsliturgie hinaus können die Überlegungen hilfreich sein, den großen theologischen Begriff »Erlösung« zu erschließen.

»... ans Licht gebracht«

Es gibt Tage im Jahr, die haben eine eigene Atmosphäre. Zum Beispiel Weihnachten mit seiner besonderen Stimmung, die in uns Kindheitsgefühle wach werden lässt. Gibt es so etwas auch für Ostern? Löst dieses Fest in uns auch eine Stimmung aus, begleitet von typischen Bildern, Klängen und Düften?

Für die meisten Christen ist Ostern gefühlsmäßig weitaus blasser als Weihnachten. Am ehesten noch ist es eine Art »Frühlingsstimmung«, die dieses Fest umgibt. Eine berühmte Osterszene schildert Goethe im ersten Teil seines »Faust«: Der Gelehrte Faust ist verzweifelt. Alle Wissenschaften können seinen Hunger nach Wahrheit nicht stillen. Seine Bibliothek, sein Labor – alles erscheint ihm wie Staub und Trödel.

»Hier soll ich finden, was mir fehlt?
Soll ich vielleicht in tausend Büchern lesen,
Daß überall die Menschen sich gequält,
Daß hie und da ein Glücklicher gewesen? –«

Enttäuscht und in trotzigem Protest gegen die Hohlheit und Dumpfheit des Lebens greift er zum Giftfläschchen, um all dem ein Ende zu machen. Da hört er von ferne die Glocken, die den Ostermorgen einläuten. Der Klang zieht ihm förmlich das Giftglas vom Munde. Alte Kindheitserinnerungen werden wach, die Glockentöne sind ihm »süße Himmelslieder«, die ihn ins Leben zurückrufen:

»Dies Lied verkündete der Jugend muntre Spiele,
Der Frühlingsfeier freies Glück;
Erinnrung hält mich nun mit kindlichem Gefühle
Vom letzten, ernsten Schritt zurück.«

Die sich anschließenden Szenen mit Faust und Wagner beim Spaziergang vor der Stadt gehören zu den schönsten Beschreibungen festlicher Osterstimmung, die die deutsche Literatur kennt. Goethe schildert das muntere Treiben der Menschen vor der Stadtmauer und lässt Faust ausrufen:

»Aus dem hohlen finstern Tor
Dringt ein buntes Gewimmel hervor.
Jeder sonnt sich heute so gern.
Sie feiern die Auferstehung des Herrn,
Denn sie sind selber auferstanden,
Aus niedriger Häuser dumpfen Gemächern,
Aus Handwerks- und Gewerbebanden,
Aus dem Druck von Giebeln und Dächern,

Aus der Straßen quetschender Enge,
Aus der Kirchen ehrwürdiger Nacht
Sind sie alle ans Licht gebracht.«

Hinter diesem österlichen Stimmungsbild verbirgt sich eine theologische Wahrheit. *»Sie feiern die Auferstehung des Herrn, / Denn sie sind selber auferstanden.«* Die Auferstehung Jesu hat etwas mit unserer eigenen Auferstehung zu tun, hat etwas damit zu tun, dass wir aufwachen und lebendig werden: nicht erst nach dem Tod, sondern jetzt schon, mitten im Leben.

Die Frühlingskraft Gottes bricht sich Bahn und lässt Menschen aufstehen aus ihrer Enge und ihrer Angst, aus den Fesseln beruflicher oder privater Zwänge, aus der Lähmung festgefahrener Beziehungen. Wenn Christen von Ostern sprechen, von der Auferstehung Jesu, dann juckt es sie gewissermaßen in den Beinen und kribbelt es sie im Herzen, selbst aufzustehen und wach zu werden, sich anstecken zu lassen von dem, was die hl. Hildegard von Bingen die »Grünkraft des Lebens« nannte. Kein Wunder, dass in der Osterliturgie des Barock getanzt wurde und dass der Prediger durch humorvoll-deftige Bemerkungen dafür zu sorgen hatte, dass ein Osterlachen durch die Kirche schallte.

Ostern ist aber mehr als das Erwachen frischer Frühlingsgefühle oder eine geistliche Hormonspritze für neue Vitalität. Die Auferstehung Jesu ist der Angelpunkt unseres Glaubens. Hier entscheidet sich der Glaube an den rettenden und befreienden Gott. Diesen Gott hatte Jesus verkündigt, für die Botschaft von der grenzenlosen Liebe dieses Gottes hatte er sein Leben riskiert.

Bis zum Tod Jesu am Kreuz reichen die historischen Fakten. Doch dann muss etwas Überraschendes passiert sein. Denn kurze Zeit später tauchen seine verschreckten und eingeschüchterten Jünger wieder auf. Sie verbreiten die Botschaft: Der Gekreuzigte lebt. Gott hat ihn auferweckt und zu sich geholt. Glänzende Rehabilitation nach einem Justizirrtum. Göttliche Bestätigung für den Propheten aus Nazaret, der jetzt selbst zur Rechten Gottes sitzt, strahlend von göttlicher Herrlichkeit. Es ist wahr, was er geglaubt und wofür er gelebt hat.

Wie kommt es, dass die Jünger Jesu nach dem Schock seines Todes mit dieser neuen Botschaft an die Öffentlichkeit treten? Sie haben offensichtlich etwas erfahren, das ihr Leben verändert hat. »Er ist uns erschienen« – mit diesem Satz kleiden sie später mühsam in Worte, was mit ihnen geschehen ist. Und sie erzählen vom leeren Grab, von Engeln und von überraschenden Begegnungen mit dem Auferstandenen. Allen Ostergeschichten merkt man an, wie schwer es ist, das Unsagbare zu sagen. Bilder und Symbole müssen zu Hilfe genommen werden, Vorstellungen und Sprachmuster aus dem Alten Testament werden aufgegriffen. In vielen Variationen begegnet immer wieder die eine Botschaft: Jesus lebt.

Weihnachten und Ostern – zwei Feste, an denen neues Leben gefeiert wird: Ein Kind wird geboren aus dem Schoß seiner Mutter, und ein Toter steht auf aus dem Schoß der Erde, der Höhle des Grabes. Geburt und Neugeburt, Schöpfung und Neuschöpfung. Ein Licht kam in die Finsternis – so hieß es an Weihnachten, jetzt ist es die Osterkerze, die in der Dunkelheit leuchtet. Weihnachtsstern und Ostersonne – davon ist unser Leben überstrahlt. Das Lebensgefühl, das daraus erwachsen kann, hat Goethe in seiner kleinen Osterszene beschrieben: Es ist, als seien die Menschen selber auferstanden aus Druck, aus Fesseln, aus Enge. Und aus der Dunkelheit des Lebens und aus der Nacht »sind sie alle ans Licht gebracht«. Wir sind eingeladen, uns heute anstecken zu lassen. Das Licht von Weihnachten, das Licht von Ostern leuchtet über unseren Wegen.

Stichworte Auferstehung, Ostern, Frühlingskraft, Neuschöpfung
Bibelstellen Alle biblischen Ostergeschichten und -texte

Schwer in Worte zu fassen

Ein Polizeiprotokoll oder ein Zeitungsbericht ist etwas anderes als ein Liebesbrief oder ein Gedicht. Die eine Art von Texten will Fakten festhalten und genau wiedergeben, was geschehen ist, die andere Art will innere Erfahrungen und Gefühle zum Ausdruck bringen. Die Sprache ist im ersten Fall eher sachlich, im zweiten Fall poetisch.

Die Ostergeschichten der Bibel klingen zwar auf den ersten Blick wie Berichte, aber sie gehören der zweiten Textsorte an. Sie bringen innere Erfahrungen zum Ausdruck: Glaubenserfahrungen. Was an Ostern geschehen ist, sprengt ja die Dimension von Raum und Zeit. Es wiederzugeben übersteigt die Möglichkeiten unserer Alltagssprache. Deshalb verwendet die Bibel Bilder und Geschichten, um das Unsagbare zu sagen. Die Engel in den Ostererzählungen sind im biblischen Weltbild ein sprechendes Symbol dafür, dass es bei dem Erzählten nicht um »normale« Begebenheiten geht, sondern um das Wirken Gottes. Auch die Rede von der Auferweckung oder der Auferstehung ist ja ein Bild. Um das Unbegreifliche wenigstens annähernd zu beschreiben, verwendet die Bibel das Bild des Aufweckens. Der Tod wird verglichen mit dem Schlaf. Und die Überwindung des Todes wird dann zum Aufwecken aus dem Schlaf. Das entspricht unserer Alltagserfahrung. Das kann sich jeder vorstellen. Aber das Bild enthält auch Missverständnisse: Wer aus dem Schlaf geweckt wird, steht so auf, wie er eingeschlafen ist. Jesus aber ist ein anderer. Er ist verwandelt. Um das auszudrücken, gebraucht die Bibel andere Bilder. Sie lässt den Auferstandenen beispielsweise durch verschlossene Türen gehen. Aber er ist auch kein »Geist«. Um ein solches Missverständnis abzuwehren, lassen die biblischen Autoren den Auferstandenen essen. Maria von Magdala darf den auferstandenen Jesus nicht berühren, Thomas wird dazu eingeladen. Er, der ihnen begegnet, ist nicht fassbar und berührbar zugleich.

Man merkt den Ostererzählungen an, wie schwierig es ist, tiefe innere Erfahrungen anderen mitzuteilen. Man muss verschiedene Bilder gebrauchen, verschiedene Geschichten erzählen. Die »Erscheinungen« des

Auferstandenen machen die Sache nicht einfacher. Waren sie objektiv feststellbare Tatsachen, die eine Kamera hätte festhalten können, wenn es diese Technik damals schon gegeben hätte? Viel spricht dafür, dass sie kein optisches Phänomen waren, dass sie nicht äußerlich geschehen sind, sondern dass sie innere Widerfahrnisse waren. Sie wurden nicht von den Augen wahrgenommen, sondern haben sich im Herzen ereignet.

Die Bibel erzählt unterschiedliche Erscheinungsgeschichten, in denen sich der Auferstandene auf unterschiedliche Weise offenbart: Bei Markus reagierten die Frauen mit »Furcht und Schrecken«, der Lieblingsjünger Johannes betrat die leere Grabeshöhle, erblickte die Leinentücher, »sah und glaubte«. Maria von Magdala erkannte im vermeintlichen Gärtner den Herrn, als er sie beim Namen rief. Den Emmausjüngern gingen beim Brotbrechen die Augen auf und Thomas kam zum Bekenntnis »Mein Herr und mein Gott!«, als der Auferstandene ihn einlud, seine Wunden zu berühren. Die Erfahrungen und die Art, wie sie erzählt werden, sind verschieden. Darin aber sind sich alle Ostererzählungen einig: Wem der Herr »erschienen« ist, der wurde tief ergriffen, wurde selbst verwandelt, spürte eine Berufung und Sendung, die bis zum Grund der Existenz ging. Solches Ergriffensein spiegelt sich selten in einem Protokoll. Ein Liebesbrief eignet sich dafür schon besser.

Stichworte   Ostererzählungen, Glaubenssprache, Erscheinungen, Erfahrungen

Besondere Einsatzmöglichkeiten   Über die österliche Verkündigung hinaus könnte auch die Bibelarbeit eine sinnvolle Einsatzmöglichkeit sein.

Aufstand

Weil er aufstand
gegen den Tod
des Freundes,
weil er die Wunden heilte
und die Dämonen vertrieb,
die das Leben aussaugen
vor der Zeit,
weil er aufstand
gegen Gesetze,
die Leben verhindern,
gegen Blindheit und Taubheit,
die lähmen,
dem Ruf des Lebens zu folgen,
weil er aufstand gegen den Tod,
weil er auferstand vom Tod,
werden wir aufgeweckt,
wachen wir auf,
stehen wir auf
gegen den Tod
durch Hunger und Krieg,
Krankheit und Elend,
stehen wir auf
gegen das Grab der Verzweiflung
und der Angst,
in das Menschen eingemauert sind.

Weil er aufstand,
weil er auferstand,
weil er die Auferstehung ist,
stehen wir auf
mit ihm.

Be-geisterung

Welches unter den kirchlichen Hochfesten löst die stärksten Emotionen aus? Weihnachten! Dieses Fest ist am meisten mit Gefühlen, Erinnerungen, Symbolen und Bräuchen aufgeladen. Ostern fällt dagegen schon deutlich ab. Ostereier, Osterkerze, Osterlieder und ein wenig Frühlingsstimmung – das war's dann schon. Und was ist mit Pfingsten? Zwei freie Tage, o.k., aber keine besondere Stimmung liegt in der Luft, es gibt kaum Bräuche oder Symbole, emotional ist nicht viel los.

Dabei erzählt die Bibel das ganz anders: Der Pfingsttag hat die Jünger emotional zutiefst aufgewühlt. Sie gerieten in Ekstase, waren außer sich, überwältigt von Gefühlen, wie von Sinnen. Vergleichbares erleben wir heute höchstens im Stadion bei einem Pokalendspiel oder bei einem Rockfestival, wenn Tausende die Arme hochreißen und stampfend und schreiend den Rhythmus der Band aufnehmen.

In der Antike kannte man die Erscheinung, dass Menschen außer sich gerieten, wie von Sinnen waren und geradezu in eine heilige Raserei verfielen. Und in ehrfürchtiger Scheu sagte man: Eine Gottheit hat von ihnen Besitz ergriffen.

Es ist kein Zufall, dass das, was an Pfingsten geschah, als Sturm und Brausen beschrieben wird. Lange Zeit galt es in der frühen Kirche als Kennzeichen, dass der Heilige Geist einen Menschen erfüllt hat, wenn er in Ekstase geriet und die Kontrolle über seine Worte verlor. Ein solcher Mensch redete »in Zungen«, wie man sagte. Er drückte seine überbordenden Emotionen in stammelnden Lauten aus, die keinen Sinn ergaben. Er verfiel in die »Sprache der Engel«, wie es in scheuer Bewunderung hieß.

Pfingsten wird mit einer solchen Ekstase in Verbindung gebracht. Hinter der bekannten Erzählung vom Sprachenwunder entdecken wir noch die Ekstase der Zungenrede. Nur so macht es Sinn, wenn berichtet wird, dass manche Zuhörer die Apostel für betrunken hielten.

Wir deutschen Katholiken sind weit entfernt von einer solchen ekstatischen Geisterfahrung. Zungenrede gibt es höchstens noch in kleinen charismatischen Gruppen. Aber ein wenig Be-geisterung täte auch uns gut. Das Pfingstfest könnte eine Gelegenheit sein, uns wieder neu anstecken zu lassen von Gottes Geist.

Stichworte Pfingsten, Ekstase, Zungenrede, Begeisterung
Bibelstelle Apg 2,1–21

Pfingsten

Umfragen zeigen: Mehr als die Hälfte der Deutschen weiß nicht, was an Pfingsten gefeiert wird. Auf den ersten Blick erschreckend. Auf den zweiten Blick aber gar nicht so abwegig: Das, was an Pfingsten geschehen ist, lässt sich einem Außenstehenden nicht so leicht vermitteln. Die Bibel selbst verwendet ja unterschiedliche Bilder: Sturmesbrausen und Feuerzungen, ekstatisches Reden und Sprachenwunder (Apg 2,1–18), oder – noch einmal anders –: Jesus haucht seine Jünger an (Joh 20,19–22). Die deutsche Sprache erschwert den Zugang zusätzlich. Das Wort »Geist« hat viele Bedeutungen. Es kann eine Bezeichnung sein für unseren Verstand und unsere intellektuellen Fähigkeiten, aber auch für unsere Gesinnung und unsere Werte. Da spricht man dann zum Beispiel davon, dass etwas dem Geist des Sports widerspricht oder dass jemand aus dem Geist der Versöhnung handelt.

Kinder denken bei »Geist« vielleicht zuerst an eine Art Gespenst, und dann gibt es auch noch den Kirschgeist oder Himbeergeist. Kein Wunder, dass die Hälfte der Deutschen Schwierigkeiten hat, wenn wir an Pfingsten den Heiligen Geist ins Spiel bringen.

Im Griechischen, der Sprache des Neuen Testaments, heißt Geist »pneuma«, lateinisch »spiritus«. Die ursprüngliche Bedeutung dieser Worte pneuma oder spiritus ist »Atem« oder »Lufthauch«. In einer tiefgründigen Symbolgeschichte wird erzählt, dass Gott bei der Erschaffung des Menschen dem aus Erde geformten Körper seinen Atem einhaucht.

Ein berührendes Bild! Der Atem – das Innerste in uns, unsere Lebenskraft. Wir atmen, solange wir leben. Und dieses Innerste, so sagt die Bibel, kommt von Gott. Ausdrucksstark und tiefgründig: Gott haucht seinen Atem, der aus seinem Inneren kommt, in uns hinein. Unser Atem ist Gottes Atem. Gott selbst atmet in uns.

Der spiritus Gottes in uns. Ein Bild für eine tiefe Glaubenswahrheit: Die theologische und spirituelle Tradition spricht von der »Einwohnung Gottes« in uns. Paulus drückt es im Brief an die Römer poetisch aus: »Die Liebe Gottes ist ausgegossen in unsere Herzen durch den Heiligen Geist.« (Röm 5,5)

Wir sind gewohnt, »aufzuschauen« zu Gott. So sagen wir es ja auch oft: Wir schauen auf zu Gott. Auch das ist ein Bild. Das Pfingstfest erinnert uns daran: Gott ist nicht nur über uns, er ist in uns. Der hl. Augustinus schrieb: »Du, Gott, warst und bist mir innerlicher als mein eigenes Inneres« (»interior intimo meo«[3]). Der Atem Gottes in uns – das ist der Heilige Geist. Er ist der Lichtstrahl Gottes, Licht von seinem Licht, das in uns leuchtet.

Die Geistsendung, wie sie das Johannesevangelium erzählt, greift das uralte Bild wieder auf: Jesus haucht seine Jünger an: »Empfangt den Heiligen Geist.« Er schenkt den mutlos Gewordenen neuen Atem. Er haucht sein eigenes Inneres in sie hinein. Lebt aus meinem Geist! Handelt aus meinem Geist! Setzt fort, was ich begonnen habe!

Und eine weitere Botschaft steckt in dieser Geste des Anhauchens: Ich bin in euch. Mein Atem atmet in euch. Ich bin für immer bei euch als spiritus, als Heiliger Geist.

In der alten Kirche wurde jahrhundertelang darüber nachgedacht und darüber diskutiert, wie das Verhältnis zwischen Gott, Jesus Christus und dem Heiligen Geist zu verstehen und zu deuten ist. Am Ende stand das geheimnisvolle Bild von der Dreifaltigkeit Gottes.

---

3   Augustinus, Confessiones, 3. Buch, § 11.

Was also sage ich jemandem, der mich fragt, was wir an Pfingsten feiern? Ich antworte: An Pfingsten feiern wir, dass das Licht Gottes in uns leuchtet, dass er der Atem ist, aus dem wir leben, und dass Jesu Geist uns erfüllt und dass wir aus diesem Geiste handeln.

Dazu gibt es letztlich auch die Kirche. Ihre Geschichte hat an jenem Pfingstfest begonnen und wir sind ein Teil dieser Geschichte. Wenn wir wirklich aus dem Geist Jesu leben, dann werden die Menschen aller Völker diese Sprache verstehen. Und wir selbst brauchen nie mehr Angst vor der Dunkelheit zu haben; denn in uns leuchtet der Lichtstrahl Gottes. Sein Atem ist uns eingehaucht. Er ist das Allerinnerste unseres Inneren.

Stichworte   Pfingsten, Geist, Spiritus, Atem Gottes
Bibelstellen   Gen 2,7; Joh 20,19–22; Apg 2,1–18; Röm 5,5

Geistesgaben

Als Kinder mussten wir sie auswendig lernen: die »sieben Gaben des Heiligen Geistes«, wie sie beim Propheten Jesaja aufgelistet sind (Jes 11,2f). Mit den beiden letztgenannten, »Frömmigkeit« und »Gottesfurcht«, konnte ich nicht viel anfangen. Das gehörte in den Bereich von »Bibel« und »Religion«. Zur Kenntnis nehmen und abhaken! »Weisheit« und »Verstand« waren da schon nützlicher, vor allem für die Schule. Der Einfachheit halber wurden dann auch »Rat« und »Erkenntnis/Wissenschaft« in dieses Bündel miteingeschnürt: ein Viererpack intellektueller Kompetenz. Blieb nur noch die »Stärke«. Sympathisch! Das Bild straffer Muskeln tauchte unwillkürlich auf. Der »Geist der Stärke« – nicht unattraktiv für die Superman-Phantasien eines Zwölfjährigen.

Im Lauf der Jahre hat sich mein Bild der »sieben Gaben« gewandelt. Die »Weisheit« ist mir ans Herz gewachsen. Und sie hat nichts mit einem hohen Intelligenzquotienten zu tun. Auch den »Geist des Rates« habe ich schätzen gelernt. In einer unübersichtlichen Welt die richtigen Wege zu wählen, ist nicht leicht. Je komplexer die Situation, desto schwieriger die Entscheidung!

Wenn ich heute die Pfingstgeschichte lese, entdecke ich eine Gabe des Geistes, die nicht zur klassischen Liste des Katechismus gehört: den Mut. Sich hinter den verschlossenen Türen hervorwagen. Hinausgehen und öffentlich für Jesus eintreten. Aufbrechen und ein neues Leben beginnen. Das erfordert Mut.

Heute, im Alter, steht bei den »Gaben des Heiligen Geistes« für mich der Mut in der vordersten Reihe. Denn in meinem Leben und im Leben vieler Menschen, so meine Beobachtung, fehlt oft der Mut. Wir lassen uns blockieren oder bremsen uns selber aus, weil wir Angst haben. Angst, wir könnten uns weh tun, Angst, wir könnten uns blamieren, Angst, wir könnten scheitern.

Angst lähmt, Mut beflügelt. Es gibt genügend Beispiele, wie etwa der junge, beherzt auftretende Spieler, der dem berühmten Altstar eine Niederlage beibringt, weil der gehemmt ist von dem Druck, er könnte versagen. Mut besiegt Angst – ein uraltes Drama. Wie kraftvoll, wie kreativ, wie gelöst und im Einklang mit uns selbst könnten wir leben, wenn wir genügend Mut hätten. John Izzo empfiehlt, sich immer wieder die Frage zu stellen: »Welchen Schritt würde ich jetzt tun, wenn ich mich in meinem Handeln von Mut und nicht von Angst leiten ließe?«[4]

Ich glaube, der Prophet Jesaja hat nichts dagegen, wenn ich seinen sieben Gaben des Heiligen Geistes noch eine achte hinzufüge.

Stichworte Gaben des Heiligen Geistes, Mut
Bibelstelle Jes 11,2f

---

4   John Izzo, Die fünf Geheimnisse, die Sie entdecken sollten, bevor Sie sterben, München 2008, S. 192.

Feste und Gedenktage im Jahreskreis

Was machen die da? – Zu Fronleichnam

Fronleichnamsprozession in einer unterfränkischen Kleinstadt. Im »Sonntagsanzug« marschiere ich mit. Der Weg führt an Gärten und Obstbäumen vorbei. »Dass du die Früchte der Erde geben, segnen und erhalten wollest!«, schallt es aus dem Lautsprecher. An der Spitze der Prozession das Kreuz und die Fahnenträger. In der Mitte die Abordnungen der Verbände mit ihren Bannern und Fahnen, dann die Blaskapelle. Es folgen die Kommunionkinder des diesjährigen Jahrgangs. 8 von den 35 sind gekommen. Dahinter reihen sich die Ministranten auf, direkt vor dem Pfarrer. Er geht unter dem Tragehimmel aus Brokatstoff, dessen Stangen vier Männer im schwarzen Anzug tragen. Bekleidet ist er mit einem Chormantel und in der Hand hält er die goldene Monstranz mit der Hostie. Begleitet wird er links und rechts von zwei Kerzenträgern aus dem Vorstand des Pfarrgemeinderats.

An einem blumengeschmückten Freialtar hält der Zug an. Das Evangelium wird verlesen, Fürbitten werden gesprochen. Es berührt mich immer ein wenig, wenn Gottes Hilfe »auf unsere Stadt und unser Land« herabgerufen wird. Dazu haben wir uns auf den Weg gemacht. Wir beten öffentlich für alle unsere Mitbürger. Unser »Wir bitten dich, erhöre uns!« hallt durch die Straßen. Die Blaskapelle spielt das Tantum ergo. Danach erteilt der Priester den Segen mit der Monstranz. Segnend erhebt er sie mit der Geste des Kreuzzeichens über die Menge. Dann formiert sich der Zug und geht weiter zur nächsten Station.

Wir nähern uns dem Marktplatz. Ein paar wenige Fahnen hängen aus einigen Fenstern. Hier und da Blumenschmuck. Es ist ein sonniger Vormittag. Das Marktcafé hat längst geöffnet. Die Tische und Stühle sind schon gut besetzt. Neugierig schauen die Gäste von ihrem Cappuccino auf. Einige lachen, einige wenden sich verlegen zur Seite. Eine kleine Touristengruppe fotografiert das Geschehen mit den Handys. Als wir an den Tischen vorbeiziehen, sagt der Vorbeter die nächste Liedstrophe an: »O Schar der Jungfrau'n, licht und rein, / die ihr geweiht dem Herrn allein, / ihr heilgen Frauen tugendreich, / ihr Freunde Gottes allzugleich …« Und begleitet von den Klängen der Blaskapelle erklingt dann der Refrain: »Helft uns in diesem Erdental, dass wir durch Gottes Gnad und Wahl zum Himmel kommen allzumal!« (Gotteslob 542)

Mir ist die Szene ein wenig peinlich. Was denken die Zaungäste im Café? Welchen Eindruck hinterlassen die Textfetzen, die sie mitbekommen? Ihr Gesichtsausdruck scheint mir eher wohlwollend zu sein. So wie man einem Trachtenumzug freundlich zuschaut. Ist das das Bild, das wir als Kirche abgeben? Ein »Glaubenszeugnis« soll unsere Prozession sein. Ist sie das noch? Wird sie so wahrgenommen? Aus Erzählungen weiß ich, dass es in der NS-Zeit sehr wohl ein mutiges Bekenntnis war, öffentlich an der Fronleichnamsprozession teilzunehmen. Trifft das heute noch zu? Werden wir noch verstanden? Unsere Texte, unsere Gewänder, unsere Riten?

Meine Anfragen werden aber noch grundsätzlicher: Ist es dem Evangelium angemessen, wenn wir mit Pauken und Trompeten, mit Gold und Weihrauch den bezeugen, der auf der Seite der Kleinen und Armen den Weg des Kreuzes gegangen ist? Kommt noch etwas an vom Zeichen des gebrochenen Brotes im Abendmahlssaal, wenn wir die Hostie in kostbarer Monstranz durch die Straße tragen?

Die Kirche in der Spätantike war da behutsamer. Man hielt das Geheimnis der Eucharistie vor den Außenstehenden geheim, um Missverständnisse und Spott zu vermeiden. Dietrich Bonhoeffer plädierte in der Zeit des Nationalsozialismus dafür, diese »Arkandisziplin« wieder einzuführen, »durch die die Geheimnisse des christlichen Glaubens vor Profanierung geschützt werden«[5]. Wir aber gehen damit auf den Marktplatz. Es ist das »Allerheiligste«, das wir öffentlich zeigen. Reagieren die Menschen von heute darauf mit Ehrfurcht? Oder stellen sie unsere Fron-

---

5   Dietrich Bonhoeffer, Werke 8, 415.

leichnamsprozession in eine Reihe mit dem Almauftrieb in Oberbayern oder der Schützenfestparade im Sauerland?

Wie vermitteln wir die Erinnerung an den, der in Betlehem geboren und auf Golgota gestorben ist? Wie bringen wir unseren Glauben zum Ausdruck, dass er bei uns ist als der auferstandene Herr? Ist die Fronleichnamsprozession dafür geeignet? Ich befürchte, dass sich im Lauf der Jahre viele »Sekundärinteressen« an diese Veranstaltung angelagert und vielleicht sogar in den Vordergrund geschoben haben. Von der »Heerschau des Katholizismus« haben Kommentatoren gelegentlich gesprochen. In meiner Kindheit und Jugend habe ich das so erlebt: Die ganze Stadt ein Fahnen- und Blumenmeer. Auf dem Prozessionsweg war grünes Gras ausgebreitet und die Kinder streuten Blütenblätter. Die Feuerwehr marschierte in Galauniform mit, die Polizei war mit einer Formation vertreten und der Stadtrat nahm geschlossen teil. Erster und zweiter Bürgermeister waren die Kerzenträger neben dem Priester mit der Monstranz unter dem Tragehimmel. Kommunionkinder und Kindergartenkinder bildeten eine eindrucksvolle Gruppe. »Hochgelobt und gebenedeit sei das allerheiligste Sakrament des Altars!« – Die meisten konnten mit dieser Anrufung noch etwas anfangen.

Die Zeiten haben sich geändert. Die Gäste in unserem Straßencafé müssten vermutlich googeln, was »gebenedeit« und »Sakrament des Altars« bedeutet. Welt und Gesellschaft sind heute nicht mehr wie vor 50 Jahren. Unsere Fronleichnamsprozession ist immer noch dieselbe, von liturgiekosmetischen Eingriffen, vor allem bei den Texten, einmal abgesehen. Passt das noch? Manche werden es begrüßen: Die Zeiten ändern sich, aber bei uns bleibt alles, wie es war! Ist das die richtige Antwort? Meine Gedanken sind noch bei den Gästen im Straßencafé, als die Prozession ihr Ziel erreicht hat. Einen der Honoratioren höre ich sagen: »Denen haben wir es heute mal wieder richtig gezeigt!«

Stichworte Fronleichnamsprozession, säkulare Gesellschaft, Traditionen, Arkandisziplin, Allerheiligstes, Heerschau, Katholizismus

Besondere Einsatzmöglichkeit Der Text eignet sich auch als provozierender Einstieg zum Tagesordnungspunkt »Gestaltung der Fronleichnamsprozession« in Pfarrgemeinderäten und Pastoralteams.

Geschichten in Stein – Zu Allerheiligen

Friedhofsbesuch an Allerheiligen. Ich gehe über die frisch geharkten Wege durch die Gräberreihen. Kerzenlicht und Blumenschmuck verbreiten jene Friedhofsatmosphäre, die mir von Kindheit an vertraut ist. Manchmal bleibe ich stehen, wenn ein bekannter Name auf dem Grabstein auftaucht. Die Bäckerin, bei der ich jahrelang meine Brötchen holte, liegt hier begraben. Ich sehe ihr Gesicht vor mir. Drei Jahre ist sie schon tot. Ein paar Meter weiter das Grab eines Mannes, der in unserer Straße gewohnt hat. Oft haben wir uns am Gartenzaun unterhalten, wenn ich von der Arbeit heimkam. Er ruht neben seiner Frau, die schon viele Jahre vor ihm gestorben ist. Ich sprenge Weihwasser auf sein Grab in Erinnerung an alte Zeiten. »Herr, gib ihm das ewige Leben!« Die Grabsteine erzählen Geschichten. Lebensschicksale hinter Namen und Daten. »Unser lieber Sohn Alex«. Nur 16 Jahre alt ist er geworden. Ein Blütenkranz aus bunten Herbstblumen auf der schwarzen Erde. Den Grabstein daneben kenne ich. Der Unfalltod des einunddreißigjährigen Mannes war damals Dorfgespräch. In der Mitte des Grabes: ein Strauß mit dunkelroten Rosen. »Deine Pia«.

An manchem Grabstein bleibt mein Blick hängen. Ich sehe die Namen eines Ehepaars, das nur wenige Monate nacheinander verstorben ist, dort liegt ein Kind neben seiner Mutter. Die Toten auf dem Friedhof erscheinen mir wie eine unsichtbare Schicksalsgemeinschaft. Jedes Jahr wird sie größer.

Irgendwie finde ich es tröstlich, dass keiner hier allein liegen muss. Und auch die Trauernden, denen ich auf dem Friedhof begegne, scheinen verbunden zu sein durch die gemeinsame Erfahrung von Abschied, von Schmerz, von Tod. Manche Tränen sehe ich, aber auch Lebensweisheit in alten Gesichtern und ein Gottvertrauen, das hinter die Gräber schaut. »Das ewige Licht leuchte ihnen«, heißt es in einem Gebet über die Verstorbenen. An Allerheiligen auf dem Friedhof ist ein Schimmer dieses Lichtes für mich spürbar.

Stichworte   Allerheiligen, Friedhofsgang, Gräber

Franziskus

»Du bist kein schöner Mann. Du bist nicht sehr gelehrt. Du bist nicht edel. Was ist es denn, dass alle Welt dir nachläuft?« So hatte einst Bruder Masseo den heiligen Franziskus gefragt. Bis heute ist der Bettelmönch aus Assisi einer der faszinierendsten Heiligen. Seine Art, die Natur und die Schöpfung als Bruder und Schwester anzusehen, sein Verzicht auf Besitz und Macht, sein Dienst an den Armen und seine tiefe Verbundenheit mit ihnen beeindrucken. Er lebte das Evangelium. Damit gewann er auch für die Kirche die Glaubwürdigkeit zurück, die diese zu seiner Zeit verloren hatte.
Die Lebensbedingungen des Franziskus und seiner Brüder waren unvorstellbar hart. Jede falsche Naturromantik ist hier fehl am Platz. Und doch strahlt er bis heute eine gewisse Anmut und Leichtigkeit aus. Für mich verkörpert Franziskus die »Freiheit der Kinder Gottes« wie kaum ein anderer. Als einmal ein Mitbruder in der Nacht stöhnt und schreit, weil er von langem Fasten gequält den Hunger nicht mehr aushält, weckt Franz die anderen, lässt Speisen herbeibringen und setzt sich selbst mit seinem Bruder zum Essen, damit dieser sich nicht schämt, das Fasten zu brechen. Der Mensch ist wichtiger als das Prinzip.
Ein Schlüssel für diese Haltung sind auch die Geschichten um seinen Tod. In seinen letzten Jahren war Franz von schweren Krankheiten gezeichnet. Als er sein Ende nahen fühlt, will er in die Heimat zurückkehren, ins Kloster nach Portiuncula. Bruder Elias und einige Gefährten begleiten ihn. Endlich erreichen sie Assisi. Im Haus des Bischofs machen

sie Rast. Franz kann nicht mehr. Um sein Bett scharen sich die Brüder und sie singen ihm noch einmal die Lieder aus gemeinsamen Tagen. Assisis Bevölkerung ist empört, als aus dem Sterbehaus fröhliche Gesänge erklingen. Bruder Elias wird gebeten, Franziskus diplomatisch beizubringen: So stirbt man doch nicht als Heiliger! Besinnung und Buße sind angesagt, ernste Worte, nicht frohe Lieder.

Franz nimmt alle Kraft zusammen und schafft den letzten Weg bis Portiuncula. Dort teilt er noch einmal mit seinen Brüdern das Brot. Er lässt sich nackt auf den Boden legen, die Arme zum Kreuz ausgebreitet. Die Brüder beten den 142. Psalm und singen den Sonnengesang. Franz stirbt am 3. Oktober 1226. 44 Jahre ist er alt.

Vor seinem Tod unterläuft er noch einmal sein Image als großer Heiliger, Büßer und Asket: Er lässt nach seiner alten Freundin Jakoba schicken und bittet sie, ihm die Süßspeise mitzubringen, die er immer so gern bei ihr gegessen hat. Assisis Bürger hätten sich erst recht erregt: Das große Vorbild der Armut und der Entsagung nascht auf dem Sterbebett Süßigkeiten! Franz war etwas anderes wichtig. Er gab Jakoba Gelegenheit, ihm noch einmal etwas Gutes zu tun – ein kleiner Trost im Schmerz des Abschieds. Eine zärtliche Geste, die es der Freundin ermöglichte, ihm einen letzten Liebesdienst zu erweisen. Der große Faster verzehrt auf dem Totenbett die Süßspeise einer Frau. Eine solche innere Freiheit hat nur ein großer Heiliger.

Stichworte   Franziskus, Freiheit der Kinder Gottes

Maria

Die folgenden Texte eignen sich für Marienfeste, Maiandachten oder andere Anlässe mit marianischem Akzent.

Bürgernähe

In vielen Kirchen gibt es Marienaltäre oder Marienstatuen. Es fällt auf, dass dort die meisten Menschen hingehen, wenn sie tagsüber eine Kirche betreten. Vor den Marienbildern brennen die Kerzen, beten die Menschen. Warum nicht vor dem Kreuz? Oder vor dem Tabernakel? Theologisch gesehen ist das schwer zu verstehen. Warum wenden wir uns nicht gleich an Gott, an Jesus Christus? Warum der Umweg über Maria? Vielleicht gibt es dafür eine psychologische Erklärung: Gott und Jesus Christus erscheinen uns oft weit weg, Maria empfinden wir als näher. Schon der klassische Kirchenbau erweckt diesen Eindruck: Der Hochaltar mit dem Tabernakel ist ganz vorne im Chorraum. Dort hat früher der Priester die heilige Messe zelebriert, weit weg vom Volk. Der Marienaltar ist uns dagegen ganz nahe. Wir können vor ihn hintreten, uns niederknien. Wir können, im wörtlichen Sinn, durch den Seiteneingang zu Maria kommen. Vielen sagt das mehr zu als der Haupteingang. Viele schätzen diese Nische der Geborgenheit und der persönlichen Nähe. So wird Maria zur Türöffnerin für die Begegnung mit Jesus Christus.

Stichwort Marienverehrung

»Ich sehe dich in tausend Bildern«

Mögen Sie Marienlieder? Im Frankenland, meiner Heimat, werden sie mit Inbrunst gesungen. Maria wird verehrt als »Maienkönigin«, als »himmlische Frau Königin«, als »erhabne Frau und Herrscherin«, als »Rosenkranzkönigin«. Ich singe die von Kindheit an vertrauten Lieder mit. Aber manchmal stolpere ich über diese Bilder: Maria war keine Königin. »Wunderschön prächtige, hohe und mächtige, liebreich holdselige, himmlische Frau« – so beginnt ein Marienlied aus dem Jahr 1692, das in meiner Diözese heute noch gesungen wird. Dabei legt die Bibel ihr die Worte in den Mund: »Auf die Niedrigkeit seiner Magd hat er geschaut.« (Lk 1,48)

Historisch wissen wir wenig über Maria. Vermutlich gehörte sie mit Josef zu den Dorfbewohnern eines Nests namens Nazaret und musste wie alle um den täglichen Lebensunterhalt kämpfen. Die Menschen dort waren arm, konnten nicht lesen und schreiben, bewirtschafteten den kargen Boden und gingen unter sengender Sonne einem Handwerk nach, dessen Ertrag gerade zum Überleben reichte.

Unsere Marienlieder speisen sich nicht aus historischen, sondern aus theologischen, spirituellen und psychologischen Quellen.

Wer Maria verehrt, hat ein persönliches Bild von ihr. Unser inneres Marienbild hat mit unserer Lebensgeschichte zu tun: mit unserer Sehnsucht, unseren Träumen, unserer Hoffnung.

Der Dichter Novalis hat es vor mehr als 200 Jahren so in Worte gefasst:

»Ich sehe dich in tausend Bildern,
Maria, lieblich ausgedrückt,
Doch keins von allen kann dich schildern,
Wie meine Seele dich erblickt.

Ich weiß nur, dass der Welt Getümmel
Seitdem mir wie ein Traum verweht,
Und ein unnennbar süßer Himmel
Mir ewig im Gemüte steht.«

Novalis schreibt dies im Stil der Romantik: voller Gefühl, voller Geheimnis, voller Sehnsucht. Kein Bild kann schildern, Maria, wie meine Seele dich erblickt. Es ist, als hätte der Himmel selbst mich angerührt.

Solcher Gefühlsüberschwang ist uns heute fremd. Und doch ist auch in unserer Marienverehrung noch ein Hauch davon zu spüren, dass Maria etwas in uns zum Schwingen bringt.

Welches Marienbild findet bei Ihnen Resonanz: Die Jungfrau, wie sie etwa Leonardo da Vinci gemalt hat? Die Mutter mit dem Jesuskind von Lukas Cranach? Die schmerzhafte Mutter von Bellini oder die königliche Patrona Bavariae? Das sind die Grundmuster unserer Marienbilder, oft genug dargestellt in der Kunst.

Was ist Ihr Lieblingsbild? Die Jungfrau Maria in weiblicher Schönheit, die junge Mutter voller Zärtlichkeit, die leidgeprüfte Mutter, voll Schmerz über den toten Sohn in ihren Armen, oder die Königin des Himmels, zu der wir aufschauen dürfen?

Marienverehrung lässt Raum für alle diese Bilder, denn in ihnen spiegelt sich unsere Sehnsucht, berührt uns der Trost aus dem Himmel. Es sind keine Bilder an der Wand, sondern Bilder in unserem Herzen.

Ein Bild ist besonders tief in uns verwurzelt: Maria als Mutter. Maria mit dem Jesuskind ruft Bilder unserer eigenen Kindheit in uns wach. Geborgenheit im Arm der Mutter. Beschützt, getragen, geliebt. Die Sehnsucht danach begleitet uns ein Leben lang. Zurück zur Mutter, die immer für uns da war! Sie hat uns behütet und getröstet, für uns gesorgt. Ihre Wärme, ihre Zuwendung, ihre Zärtlichkeit klingen in uns nach, auch wenn wir längst keine Kinder mehr sind. Deshalb berührt das Bild von Maria, der Mutter mit dem Kind, unser Herz. Wir entdecken in ihr die Mutter, nach der wir uns sehnen, vor der wir selber noch einmal Kind sein dürfen. »Segne du, Maria, segne mich, dein Kind ...« (GL 535)

Ganz anders ist das Bild der schmerzhaften Mutter, den toten Jesus auf ihrem Schoß: Urbild der leidgeprüften Frau, zu dem seit Jahrhunderten die Menschen aufschauen in ihrer Not. Gibt es einen größeren Schmerz, als wenn eine Mutter ihren getöteten Sohn in den Armen hält? Dieses Bild rührt uns an, weil wir spüren, dass da jemand im tiefsten Tal des Leids angelangt ist. Und weil sie dort ist mit ihrem toten Sohn, sind auch wir im Abgrund des Leids nie mehr allein. Seit Jahrhunderten beten die Menschen vor diesem Bild und klagen Maria ihr eigenes Leid, flehen sie an, die Mutter der Barmherzigkeit: »Wir Kinder Evas schrein zu dir, [, …] aus Tod und Elend rufen wir …« (GL 536)

Ich glaube: Weil das historische und biblische Marienbild sich verbunden hat mit einem Urbild unserer Seele, deshalb bringt es unser Herz zum Schwingen.

Stichworte   Marienbilder, Mutter Gottes, schmerzhafte Mutter

Gottesmutter

Sie war wie alle jungen Frauen in Israel,
weinte und lachte, erledigte ihre Arbeit
und träumte vom Glück,
vielleicht auch von der Liebe.
Bis er in ihr Leben trat: der Heilige,
dessen Name nicht ausgesprochen wird
unter den Juden.
Die uralte Stimme,
die einst am Morgen der Schöpfung sprach: Es werde!,
redete auch zu ihr
in der Gestalt des Engels.
Und das Ja, das sie sprach,
veränderte ihr Leben für immer
und schrieb ein neues Kapitel
in die Geschichte der Menschen.
Von Neuem hauchte der Schöpfer
seinen Atem
und sie empfing
vom Heiligen Geist.
Sie gebar wie alle Mütter in Israel,

doch durch sie trat ins Leben der Heilige,
dessen Namen der Engel ihr nannte.

Bibelstelle Lk 1,26–38

Josef

Dem heiligen Josef sind die folgenden Texte gewidmet. Josefstag, Josefspatrozinium, Wallfahrt zu einer Josefskirche u.Ä. sind mögliche Anlässe, sie einzusetzen..

Erste Auskunft

Wenn sie kommen
mit ihren Kameras und Smartphones
um zu berichten
über den Heiligen
spektakulär, wenn es geht
damit die Quote stimmt
wenn sie die Fotoapparate zücken
um ihn einzufangen
den Glanz des Verehrten
dann sagt ihnen
dass er auf keinem goldenen Sockel steht
dass er keine Schlagzeilen gemacht hat
nie in der vordersten Reihe stand
Sagt ihnen
dass er keine Bücher geschrieben hat
und kein Märtyrer war
dass er gearbeitet hat mit eigenen Händen
dass seine Augen voll Güte waren
und sein Herz rein und ohne Zorn

dass er den Träumen mehr traute als dem Augenschein
und dem Engel mehr als den Menschen
dass er sorgte für die, die er liebte
und sie führte
durch die Nacht
und auf der Flucht durch die Wüste
Sagt ihnen
dass es nicht viel zu sagen gibt
über ihn
doch sagt auch
dass wir ihn schätzen
denn niemand hat
wie er
auch die leisen Rufe gehört
und die Antwort gegeben:
Ich bin da.

Bibelstellen   Mt 1,18–25; 2,13–15.19–23

Irgendwo im Nahen Osten

Die Nächte waren unruhig, daran hatte er sich gewöhnt. Ein Säugling, der schreit, und vorher der ganze Stress mit der Geburt! Die Klinik hatte sie nicht aufnehmen können. Hoffnungslos überbelegt! Draußen, auf einem kleinen Außenposten im Bergland, hatte man ihnen Geburtshilfe geleistet. Aber Geld und Vorräte waren fast aufgebraucht. Zum Glück war ein Forschungsteam der UNO vorbeigekommen. Sie hatten Fotos von der kleinen Familie gemacht und Geschenke zurückgelassen.

Eigentlich hatte er jetzt schlafen wollen. Aber eine Nachricht in seinem Kurzwellenradio hatte ihn aufgeschreckt: »Flieht über die Grenze!«, hatte eine unbekannte Stimme gesagt. Auch den Sender hatte er noch nie gehört. »Flieht! Eine neue Säuberungswelle steht bevor. Der Präsident hat den Erlass bereits unterschrieben. Hunderte werden hingerichtet werden.«

Jetzt war Eile geboten. Mit seiner Frau und dem Neugeborenen durch die Wüste, dann über die Grenze! Also schnell die wenigen Habseligkeiten auf den Esel gepackt und aufgebrochen, mitten in der Nacht! Wenn sie es bis zur Grenze schaffen, können sie überleben. Sie werden Flüchtlinge sein in einem fremden Land. Dabei hatte er doch seinen Beruf, ein kleines Haus, seine Werkstatt! Alles zurücklassen! Irgendwo in der Fremde neu anfangen! Wieder ganz unten sein. War das seine Zukunft?

Bibelstelle   Mt 2,13–15

Steh auf!

Dreimal sprach der Bote zu Josef,
so erzählt es Matthäus.
Dreimal trifft ihn Gottes Stimme
mitten ins Herz.

Fürchte dich nicht –
ein Mutwort in der Verwirrung.
»Fürchte dich nicht, Maria als deine Frau zu dir zu nehmen;
denn ihr Kind ist Gottes Geschenk an die Welt.«

In Betlehem kommt der Bote zum zweiten Mal.
Warnung bringt er und ruft in den Traum: »Steh auf!
Nimm das Kind und die Mutter! Flieht nach Ägypten!«

Und noch ein drittes Mal erklingt Gottes Stimme im Traum: »Steh auf!
Nimm das Kind und die Mutter! Kehre nach Israel zurück!«

So hat keinen je Gottes Weckruf erreicht wie Josef: Steh auf!
Und sein Echo hallt nach bis zu uns.
In vielen Gestalten erscheint uns der Engel,
und er flüstert, er bittet, er ruft: »Steh auf«.
Wer Josefs Ohren hat, kann es hören:
viele Male im Lauf eines Lebens
und dann ganz am Schluss,
wenn eigentlich alles beginnt: Steh auf!

Bibelstellen   Mt 1,18–25; 2,13–15.19–23

Josef so …

Josef, das war doch so ein alter Knacker;
hat sich ein Kind unterschieben lassen von seiner jungen Frau,
sie selbst aber nicht angerührt, der Loser.

Hatte 'ne Macke, der Typ,
hat Stimmen gehört
und hingeschmissen den Job.

Roadmovie nach Betlehem.
Dort kam das Kind auf die Welt,
für das er Vater war, der Trottel.

Hat kaum gerafft, was dort abging im Stall.
Stand stumm dabei
und hat die Laterne gehalten.

O.k., dass er den Herodes gelinkt hat, war cool.
Nicht schlecht der Wüstentrip nach Ägypten.
Doch zu Hause wieder der alte Spießer.

So ein Opa-Typ halt!
Passt ganz gut in die Kirche.

... oder so

Ich find dich ganz o.k., Josef.
Hast zu deiner Maria gehalten,
als es die Wallung gab mit dem Kind.
Hast an sie gedacht, nicht an dich!
Gibt nicht viele Typen von diesem Kaliber heutzutage.

Bist eher von der ruhigen Sorte;
keine dicke Lippe, packst lieber an.
Ziehst dein Ding durch ohne große Klappe.
Weißt irgendwie immer, wo's langgeht.
Glaubst nicht nur das, was man sieht,
blickst echt durch, Mann, was Sache ist.

Klar, bist schon so ein wenig old school,
passt nicht so ganz in die Welt von You Tube und Donald Trump.
Aber echt, Josef,
wenn du auf facebook wärst –
von mir bekämst du ein like.

Hinweis zum Einsatz Empfehlenswert ist es, die beiden Texte hintereinander von zwei verschiedenen Sprecher*innen vortragen zu lassen, idealerweise von Jugendlichen.

Leid und Tod

Vorletzte Worte

Fast 96 ist sie.
Ganz schwach
liegt sie
im Krankenhaus.

Lungenentzündung
sagt der Arzt,
es geht wohl zu Ende
mit ihr.

Ein hohes Alter, sagen die Leute.
Einmal ist es halt so weit, sagen sie.
Da musst du durch, sagen sie.
Du musst loslassen lernen, sagen sie.

Der Kopf sagt: Ihr habt recht.
Das Herz sagt: Es tut weh.

Als sie die Augen schließt,
geht draußen die Sonne auf
und die Bäume stehen
in voller Blüte.

Sie hat es hinter sich,
sagt die Vernunft.
Nein, sagt der Glaube:
Sie hat alles noch vor sich.

Stiller Gruß

Es mag eine Alterserscheinung sein: Beim Blättern in der Zeitung am Frühstückstisch sucht mein Blick zuerst die Todesanzeigen. Immer öfter entdecke ich Namen, die ich kenne. Auch mein eigener Jahrgang taucht hin und wieder auf. Einen Moment zögert dann die Hand mit der Kaffeetasse. Ein Gesicht verbindet sich mit dem Namen, den ich lese. Erinnerungen werden wach. Sind wir uns nicht erst kürzlich noch begegnet? Danach schmeckt das Frühstück irgendwie anders. Der Alltag wartet auf mich wie immer, aber ein Hauch von Vergänglichkeit hat mich gestreift. Oft verweile ich noch einen Augenblick bei dem Gesicht und dem Namen. Es ist wie ein stiller Gruß. Und tief innen bin ich überzeugt, dass er mich hört, von dort, wo er jetzt ist.

Stichworte Vergänglichkeit, Tod

Zuspruch

Sie sagen mir,
nicht verloren hätten wir unsere Toten,
vorausgegangen nur sind sie
den Weg in die Heimat
dort.

Sie sagen mir,
der Tod sei kein Ende,
sondern der Anfang
und das Grab ein Tor,
das hineinführt ins Leben.

Sie sagen mir,
auferweckt würden die Toten
und alle Haare des Hauptes

seien gezählt und geborgen
bei Ihm.

Noch bin ich zu taub,
um zu hören,
doch glauben
würd ich es gern.

Nine Eleven 2001–2019

Am 11.9.2001 hatte sich jener Terroranschlag ereignet, der die Welt verän-
dern sollte. Wenige Tage später, am Fest Kreuzerhöhung, Predigt im Got-
tesdienst. Die Gedanken von damals haben mich begleitet. Es ist erschüt-
ternd, bei wie vielen Anlässen sie seitdem in Variationen erneut aktuell
geworden sind. Ich vergegenwärtige mir jene alte Predigt im Gedenken an
die vielen Opfer von 2001 bis heute:

Wir werden die Bilder dieser Woche nicht vergessen. Die reichste und
mächtigste Nation der Erde wird von Terroranschlägen erschüttert.
Flugzeuge mit ahnungslosen Menschen an Bord werden zu lebenden
Bomben. Die meisten der Fluggäste hatten den Tag begonnen wie immer: hatten gefrühstückt, die Reisetasche gepackt, sich von der Frau,
den Kindern verabschiedet. Als sie in das Flugzeug einstiegen, wussten
nur die Terroristen, dass sie es nicht mehr lebend verlassen würden.
Danach begann der Alptraum. Was mag in ihnen vorgegangen sein, als
sie über Handy die letzten Worte mit ihren Angehörigen wechselten
und ihnen klar war, sie würden sich nie wiedersehen?
Und dann die Türme von Manhattan. Wahrzeichen der Stadt. Symbole
des Reichtums und der Wirtschaftskraft. Tausende von Menschen waren wie immer zur Arbeit gekommen. Sie saßen am Schreibtisch oder
telefonierten, tranken Kaffee oder waren gerade in einer Besprechung,

als die Explosion ganze Stockwerke wegriss. Flammen, Rauch, Hilfeschreie. Zerfetzte Körper, blutende, brennende Menschen. Panik bricht aus. Manche springen verzweifelt aus dem Fenster – hunderte Meter tief in den Tod. Und dann stürzt das Gebäude zusammen wie ein Kartenhaus. Zigmal haben wir die Aufnahmen gesehen. Bilder der Verwüstung wie nach einem Bombenangriff.

Mehrere Tausend Menschen sind tot. Eltern haben ihre Kinder, Kinder ihre Eltern verloren, Brüder, Schwestern, Freunde, Ehemänner und Ehefrauen werden an diesem Abend nicht mehr nach Hause kommen – nie mehr. Tausende von Leben – ausgelöscht in wenigen Minuten. Tausende von Zukunftsplänen, von Hoffnungen, von Lebensträumen unter den Trümmern begraben.

Das sind die Bilder, die wir mitbringen in diesen Gottesdienst. Und wir bringen mit das Entsetzen über so viel Bosheit und Hass, wir bringen mit unsere Trauer und persönliche Betroffenheit, und wir bringen mit unsere Ratlosigkeit und unsere Fragen.

Aber auch andere Bilder haben wir gesehen: Menschen, die Blumen niederlegen und Kerzen anzünden, Menschen, die sich zu schweigendem Gebet versammeln, Menschen mit Tränen in den Augen, Bilder der Trauer, der Anteilnahme, der Solidarität. 200 000 haben sich am Freitag am Brandenburger Tor versammelt, um ihre Verbundenheit mit den Opfern zu bekunden. Überall finden Gottesdienste statt. Die Kirchen sind voll von Menschen, die trauern und um den Frieden beten. Offensichtlich gibt es Schicksalsstunden, in denen Menschen sich des letzten Halts erinnern, der uns geblieben ist. Stunden, in denen allein das Gebet unseren Schmerz und unsere Klage aufnehmen kann, Stunden, in denen alle klugen Worte versagen und wir nur im stummen Schmerz unsere Trauer, unsere Angst und unsere Sehnsucht dem entgegenhalten können, der unsere letzte Hoffnung ist. »Aus der Tiefe rufe ich, Herr, zu dir« – das ist der Ur-Schrei des gequälten, verzweifelten Menschen zu Gott. »Aus der Tiefe rufe ich, Herr, zu dir, höre, Herr, meine Stimme.«

Von einem dritten Bild will ich sprechen: vom Bild des Kreuzes. Es zeigt uns einen Mann aus Palästina, einen Juden, blutig geschlagen von den römischen Militärs. Er ist tot. Unschuldiges Opfer von Verblendung und Gewalt. Auch er hat sein Leben eingesetzt, doch nicht um zu töten, sondern um zu retten. Nicht den Hass hat er gepredigt, sondern die Liebe. Nicht zum Kampf hat er aufgerufen, sondern zum Frieden.

Lassen Sie uns in die Bilder des Terrors und des Grauens hinein dieses Bild stellen: das Bild des Gekreuzigten. Er teilt das Schicksal der Opfer, ist selber verblutet an den Wunden der Gewalt. Und doch glauben wir: Nirgends ist uns Gott so nahe wie in ihm. Mitten unter den Trümmern schaut uns sein Antlitz entgegen. Und seit er an unserer Seite gestorben ist, wissen wir, dass wir im Tod nicht allein sind. Und seit Gott ihn auferweckt hat zum Leben, wissen wir, dass Hass und Tod nicht das letzte Wort haben werden.

Stichworte   Terror, Gewalt, Tod, Kreuz, Solidarität, Hoffnung

Gewesen[6]

Einmal ein Junge gewesen,
barfuß über die Wiese gelaufen und durch den Bach,
Schulranzen getragen, Streiche gespielt,
bei der Heuernte geholfen und im Stall.

Einmal jung gewesen und voller Träume,
verliebt, verlobt, das Jawort gegeben,
gemeinsam gegangen ein Leben lang.
Vater geworden, Kinder gefüttert,
Spielzeug gebastelt, in Zelten geschlafen,
Freude erlebt und Sorgen gemacht.

---

6   In Erinnerung an meinen Vater, gestorben 2015.

Haus gebaut und Garten gepflegt,
Äpfel geerntet in jedem Herbst.
Wachsen gesehen: die Bäume, die Kinder,
dankbar genossen jeden glücklichen Tag.

Zur Arbeit gegangen von halb acht bis halb fünf,
den Beruf zur persönlichen Sache gemacht
und ihm ein Gesicht gegeben für viele,
Menschen mehr geachtet als Zahlen.

So vergehen die Jahre, ihre Last nimmt zu.
Müder wird der einst kraftvolle Schritt
und langsam die Zunge;
nicht oft führt noch unter Menschen der Weg.

Doch leuchtend wie immer die Augen,
bis sie der Tod ihm schloss,
ihm, der einmal ein Junge gewesen.

Ich vergesse dich nicht

Ich stehe am Grab und denke: Wo bist du wohl jetzt? Hier ist der Sarg
bestattet, aber wo bist du? Siehst du mich jetzt? Gibt es eine Verbindung
zwischen uns? Ein Weiterleben nach dem Tod?
»Zurückgekommen ist noch keiner«, sagt man. Da schwingt so ein leiser
Zweifel mit: Ist mit dem Tod vielleicht doch alles vorbei? Die Frage ist
verständlich. Wer hat sie nicht schon gestellt? Die Antwort darauf hängt
mit unserem Glauben an Gott zusammen. Glauben wir an Gott? Und ist
der Gott, an den wir glauben, der Gott Jesu, der Gott der Bibel? Seit
Jahrtausenden wird er mit den Worten des 27. Psalms angerufen: »Der
HERR ist mein Licht und mein Heil. ... Er birgt mich in seiner Hütte am
Tag des Unheils; er beschirmt mich im Versteck seines Zeltes.« Ist das

der Gott, an den wir glauben? Der Gott, der uns zugesagt hat: »Ich habe dich beim Namen gerufen, du gehörst mir!« (Jes 43,1) Sollte er diesen Namen nach unserem Tod nicht mehr kennen? Ausdrücklich sagt er doch durch den Mund des Propheten: »Ich vergesse dich nicht.
Sieh her: Ich habe dich eingezeichnet in meine Hände.« (Jes 49,16)
Wenn unser Leben wirklich in der Hand Gottes ist, dann wird er uns auch im Tod nicht fallen lassen. Wenn er ein Leben lang an unserer Seite gegangen ist, sollte er uns dann nicht auch begleiten, wenn wir unseren letzten und schwersten Gang antreten durch die dunkle Pforte am Ende des Lebens?
Wenn es wahr ist, dass Gott Anfang und Ende unseres Lebens ist, dass er uns gerufen hat, dass er uns hört, dass er uns liebt, dann kann mit dem Tod nicht alles aus sein. Es bleibt auf ewig bestehen, was er uns durch den Propheten Jesaja zugesagt hat: »Kann denn eine Frau ihr Kindlein vergessen, ohne Erbarmen sein gegenüber ihrem leiblichen Sohn? Und selbst wenn sie ihn vergisst: Ich vergesse dich nicht.« (Jes 49,15)

Stichworte   Weiterleben nach dem Tod, Vertrauen, Gottesbild
Bibelstellen   Ps 27,1.10.13; Jes 43,1; 49,15f
Besondere Einsatzmöglichkeiten   Beerdigung, Requiem, Friedhofsgang an Allerheiligen, Totengedenken

Engel des Trostes
Die Augen sehen dich nicht,
sie sind voll mit Tränen,
das Herz spürt dich nicht,
es ist voll mit Kummer.

Du aber bist da,
unsichtbar,
wie Engel so sind.

Manchmal
berühren mich deine Flügel
zart wie ein Hauch.

Es kann ein Wort sein,
ein Händedruck,
eine Umarmung
oder ein Sonnenstrahl
unverhofft aus dem Nebel.

In meinen Erinnerungen
fliegst du vorbei,
manchmal ist Dankbarkeit
dein Name.

Du bist da,
bei mir,
und dort,
bei ihr,
schwebend zwischen den Welten,
wie Engel so sind.

Geh nicht

Im Pflegebett liegt er
so lange schon.
Betreuung fast rund um die Uhr.
Alle Kraft kostet er uns,
der neunzigjährige Opa.

Sein Zustand hat sich verschlechtert.
Es ist bald vorbei,

meint unverblümt der Doktor
und lässt uns allein
mit dem Schatten des Todes.

Manchmal hatte ich ja selbst
mir heimlich gewünscht im Stillen,
voll Scham und mit schlechtem Gewissen,
dass sie vorbei ist,
die Last der Pflege.

Doch jetzt in der Nacht
sitzend an seinem Bett,
vor mir das spitze Gesicht
mit dem offenen Mund,
aus dem der Atem rasselt,
bete ich,
dass er aufwacht
und noch da ist
morgen früh.

Sehen wir uns wieder nach dem Tod?

Kennen Sie den Brandner Kaspar? Er ist die Hauptfigur einer Erzählung von Franz von Kobell. Berühmt wurde er durch die Theaterfassungen »Der Brandner Kaspar schaut ins Paradies« und »Der Brandner Kaspar und das ewig' Leben.« Der Kern der Geschichte besteht darin, dass der Brandner Kaspar im 72. Lebensjahr vom Tod, dem Boandlkramer, abgeholt werden soll. Doch der Brandner überlistet den Tod. Mit Kirschgeist macht er ihn betrunken und betrügt ihn dann im Kartenspiel. Dadurch gewinnt er die Zusage, dass der Boandlkramer ihn erst mit 90 Jahren holen darf. Doch der Schwindel fliegt im Himmel auf. Petrus, der Portner, merkt, dass etwas nicht stimmt, und gibt dem Boandlkramer den

Befehl, die Sache in Ordnung zu bringen. Der ist jetzt in der Zwickmühle: Da er dem Brandner Kaspar sein Wort gegeben hat, kann es nur eine Lösung geben: Brandner muss freiwillig mit. Sie vereinbaren, dass er probeweise einen Blick ins Paradies werfen darf. Das ist die Szene, die mir am besten gefällt. Der Himmel schaut aus wie die bayerischen Berge am Tegernsee. Der Brandner Kaspar sieht seine alte Hütte, seine verstorbene Frau, die ihm jung und fröhlich entgegenwinkt, seine Enkelin Marei und sogar seinen alten Jagdhund, der auf Erden längst tot ist, ihm aber jetzt freudig entgegenspringt. Den Brandner Kaspar hält jetzt nichts mehr auf der Erde. Das Paradies ist so überwältigend, dass er dem Boandlkramer ohne Zögern folgt.

Das Stück vermittelt augenzwinkernd: Im Himmel ist es wie in Bayern. Petrus lässt Weißwürste servieren, man geht auf die Jagd, spielt Karten und macht sich lustig über die Preußen. Bewegend finde ich aber eines: Wie Kaspar den Menschen wieder begegnet, die er liebt und die er durch den Tod verloren hatte.

Damit sind wir mitten in der Frage, mit der sich auch Jesus durch die Sadduzäer konfrontiert sieht, wie Lukas erzählt (Lk 20,27–38): Gibt es ein Wiedersehen nach dem Tod? Und wie kann man sich dieses Wiedersehen vorstellen? Die Frage war damals so umstritten wie heute. Die Pharisäer glaubten an die Auferstehung der Toten, die Sadduzäer nicht. Und die Sadduzäer sind es, die mit ihrer Spottfrage Jesus zeigen wollen, wie absurd der Glaube an ein Leben nach dem Tod ist.

Jesus gibt eine doppelte Antwort: Er sagt: Ihr denkt zu naiv. Das Leben im Jenseits ist nicht einfach eine Fortsetzung des Diesseits. Löst euch von euren zu menschlichen Bildern. Es geht um eine neue Existenzweise, die nicht mit dem alten Leben vergleichbar ist. Seine zweite Antwort ist: Es gibt eine Auferstehung der Toten. Das müsstet ihr doch längst begriffen haben. An welchen Gott glaubt ihr denn? Ist es nicht der Gott, der sich am brennenden Dornbusch dem Mose als »Ich–bin–da« geoffenbart hat? Und gilt dieses Ich-bin-da nicht auch im Tod und über den Tod hinaus?

Gott hält uns, auch im Tod. Sonst wäre er nicht der Gott, an den wir glauben. Schwierig ist es mit den Jenseitsvorstellungen. Wie wird das einmal sein? Sicher kein bayerischer Weißwursthimmel. Keine grüne Alpenwiese. Menschliche Bilder sind nur Hilfskonstruktionen. Paulus sagt: Es wird alles anders sein, als ihr es kennt. Die Sprache kommt an ihre Grenze, das Unsagbare zu sagen. Vielleicht sind es am ehesten die Dichter, die uns mit poetischen Bildern an das Geheimnis heranführen. Marie Luise Kaschnitz hat in ihrem berühmten Gedicht »Ein Leben nach dem Tode«[7] ihre eigene Jenseitsvorstellung so angedeutet:

»...

Keine Hierarchie
Von Heiligen auf goldenen Stühlen
Sitzend
Kein Niedersturz
Verdammter Seelen
Nur
Nur Liebe frei gewordene
Niemals aufgezehrte
Mich überflutend
Kein Schutzmantel starr aus Gold
Mit Edelsteinen besetzt
Ein spinnwebenleichtes Gewand
Ein Hauch
Mir um die Schultern
Liebkosung schöne Bewegung
Wie einst von thyrrhenischen Wellen ...
Wortfetzen
Komm du komm
Schmerzweb mit Tränen besetzt

---

7   Marie Luise Kaschnitz, Gesammelte Werke in 7 Bänden, Frankfurt am Main, 1981ff, 5. Band, S. 504f.

Berg- und Talfahrt
Und deine Hand
Wieder in meiner
So lagen wir lasest du vor
Schlief ich ein
Wachte auf
Schlief ein
Wache auf
Deine Stimme empfängt mich
Entläßt mich und immer
So fort
Mehr also, fragen die Frager
Erwarten Sie nicht nach dem Tode?
Und ich antworte
Weniger nicht.«

Wie Jesus es tat, so weist auch die Dichterin herkömmliche Jenseitsvor-stellungen zurück: Keine Heiligen auf goldenen Stühlen, kein Nieder-sturz verdammter Seelen, kein goldener Schutzmantel, keine Edelsteine. Dafür etwas anderes: *Nur Liebe frei gewordene / Niemals aufgezehrte / … Liebe*, die mich überflutet. Spinnwebenleicht fühle ich mich, ein Hauch mir um die Schultern. Liebkosung, Zärtlichkeit, einladende, lo-ckende Worte: *Komm du komm.* Und deine Hand wieder in meiner. Das ist das Schönste von allem: deine Hand wieder in meiner.

Im Vergleich zu den kräftigen Farben des weiß-blauen Himmelsgemäl-des im Brandner Kaspar sind das behutsame, poetische Bilder: eine Flut von Liebe, wie zarte Wellen der Liebkosung. Alles Schwere ist abgefal-len. Der Schmerz ist so leicht wie die Fäden eines Spinnennetzes, an dem die Tränen nur noch zur Erinnerung glitzern.

Eines aber ist gewiss: Es gibt ein Wiedersehen mit dem Geliebten: *Deine Stimme empfängt mich / Entläßt mich und immer / So fort.* Was der Tod einst getrennt hat, ist jetzt wieder verbunden: *Und deine Hand / Wieder in meiner.* Die Gemeinschaft mit dem geliebten Partner überdauert den Tod. Gott selbst hat sie bewahrt als etwas Kostbares, das zu meinem Leben gehört. Wenn er meinen Namen kennt, mich nicht vergessen hat, mich herausruft aus dem Schweigen des Todes, dann erweckt er damit auch die Liebe zum Leben, die untrennbar mit meiner Person verbunden ist. *Und deine Hand / Wieder in meiner.* Gegenwart, Vergangenheit und Zukunft fließen ineinander, die Zeit verliert ihre Bedeutung, im Leben nach dem Tod geschieht ewig neue Begegnung: *Nur Liebe frei gewordne / Niemals aufgezehrte / Mich überflutend.*

Natürlich sind auch das nur Bilder. Sie trösten mich bei meinem Gang auf den Friedhof. Die Schlussverse berühren mich besonders: *Mehr also, fragen die Frager / Erwarten Sie nicht nach dem Tode? / Und ich antworte / Weniger nicht.*

Wenn die Liebe zu einem Menschen zu uns gehört und sie unserem Leben und unserer Person ihren Stempel eingeprägt hat, unverwechselbar und für immer kenntlich, dann wird diese Liebe fortdauern auch über den Tod hinaus. Denn Gott selbst wird sie retten und auferwecken mit uns.

Stichworte Auferstehung, Jenseitsvorstellungen, Gottesbild, Weiterleben
Bibelstellen Lk 20,27–38; 1 Kor 15,35–53
Besondere Einsatzmöglichkeiten Lesejahr C, 32. Sonntag im Jahreskreis

Wer hätte geahnt ...

... dass er die Wiener Philharmoniker zum letzten Mal hörte bei einem Neujahrskonzert, das er nie versäumte im ZDF

... dass er im Februar seinen Geburtstag zum letzten Mal feierte im Kreis seiner Lieben, bei Kaffee und Kuchen wie so oft

... dass das Aschenkreuz ihm zum letzten Mal aufgelegt wurde im März und er die Worte hörte: Gedenke, du bist Staub

… dass ihm die Osterglocken zum letzten Mal läuteten im April und Händels Halleluja für ihn erklang

… dass er zum letzten Mal den Apfelbaum blühen sah im Mai und die Kastanien, und den Goldregen vor seinem Haus

… dass es der letzte Betriebsausflug war, an dem er teilnahm im Juni und scherzte mit den alten Kollegen

… dass es der letzte Sommerurlaub war, zu dem er aufbrach im Juli – unbeschwerte Wochen voll Sonnenschein und Glück

… dass es der letzte Kräuterstrauß war, den er pflückte im August und in die Kirche trug am Mariä Himmelfahrtstag

… dass es die letzten Tomaten waren, die er erntete im September, die letzten Äpfel und die letzten Bohnen

… dass es seine letzte Wanderung war im Oktober, als die Blätter der Bäume sich schon herbstlich verfärbten

… dass es für die Krankheit, die ihn befiel im November, keine Heilung mehr gab und dass alles viel schlimmer war, als man dachte

… dass er das Weihnachtsfest nicht mehr erleben würde im Dezember und dass sein Stuhl leer bliebe im neuen Jahr

Zu früh

Zu früh bist du gegangen
musstest du gehn
Noch lange nicht ausgeträumt
deine Träume
Wir hatten noch Pläne
gemeinsam
So vieles
einander zu sagen

Nicht sehen wirst du
wie der Apfelbaum blüht
dieses Jahr
und wie der Enkel aufwächst
gerade geboren
und dein Lachen
wird fehlen
im Haus

Noch einmal
deine Hand zu spüren
und die Lippen
die zarten
Viel zu selten
dir gesagt
Ich liebe dich
Verzeih

Vielleicht aber
hörst du es mich flüstern
dort
wo du jetzt bist
und dein Lächeln
fällt in mein Herz
wie ein Segen

Sterbebild

Manchmal
kommt er leise,
der Herr der Ernte,
und holt zurück,
was er einst gesät.
Kein Halm geht verloren,
und all deine Körner
sind aufgehoben bei ihm.
Uns sinkt die Sonne,
weil du gehst,
dir aber
strahlt sie auf
bei ihm.

Leben und Glauben

Lebensweisheit

»Lehre mich, glücklich zu werden!«, sagte der Schüler zum Meister.

Der Meister antwortete: »Glück kann man nicht herstellen oder erwerben. Wer es anstrebt, wird es gerade dadurch verfehlen. Man kann es empfangen, man kann es genießen, aber man kann es nicht machen. Wie ein scheuer Vogel setzt es sich nur auf die Hand, die absichtslos ausgestreckt ist. Willst du es greifen, entzieht es sich dir.«

»Kann ich dann gar nichts tun?«, fragte der Schüler.

Der Meister antwortete: »Wenn du ganz bei dir selber bist oder hingegeben an eine Aufgabe, wenn du überwältigt bist von Freude oder Schönheit oder Dank, wenn du ergriffen bist von einer Wahrheit, wenn du in das Herz eines Menschen schauen darfst, wenn du ganz offen bist für die Liebe und für das Leben, dann hat dich ein Hauch dessen berührt, was wir »Glück« nennen.

»Dann lehre mich, ich selbst zu sein!«, sagte der Schüler.

Der Meister antwortete: »Es gibt nur einen Spiegel, in dem du sehen kannst, wer du bist – das sind die anderen. So wie sie dich spiegeln, so siehst du dich selbst. Aus ihrem Echo formst du dein Bild. Aus ihrem Umgang mit dir leitest du ab, wie viel du dir selber wert bist. Doch sei gewarnt, allein diesem Spiegel zu trauen. Dein Wesen reicht tiefer, als er dir zu zeigen vermag. Schau deshalb auch in den Brunnen deiner Seele. Auf seinem Grund spiegelt sich, wer du vor dir selber bist. Dort siehst du verschwommen die Schatten deiner Träume, deiner Sehnsucht und deiner Angst. Fürchte dich nicht vor ihnen, sie gehören zu dir.«

»Im Spiegel der anderen und im Brunnen meiner Seele entdecke ich also, wer ich bin?«, fragte der Schüler.

Der Meister antwortete: »Noch einen dritten Spiegel will ich dir nennen. Er ist entscheidend. Es ist der Spiegel des Ewigen, gelobt sei sein Name.

In seinen Augen bist du, wer du bist. Nicht Lob und Tadel der Menschen, auch nicht dein eigenes Seelenbild zeigen dir deine wahre Gestalt. Sie findest du allein bei ihm, der dich beim Namen gerufen hat vor aller Zeit und in dessen Hände du geschrieben bist. »Ich will, dass du bist«, hat er über dein Leben gesprochen und in deine letzte Verlassenheit flüstert er: »Ich liebe dich.«

»So lehre mich den Sinn meines Lebens«, sagte der Schüler.

Der Meister antwortete: »Viele Lehrer geben dir darüber Weisung. ›Suche die Wahrheit‹, sagen die einen, ›strebe nach Vollkommenheit‹, meinen die anderen. ›Du selbst musst dein Leben mit Sinn erfüllen‹, lehren die dritten, ›denn du allein entscheidest, wofür es dir wert ist zu leben.‹«

»Du aber, Meister«, fragte der Schüler, »was glaubst du?«

Der Meister antwortete: »Der Sinn des Lebens ist allein die Liebe. Ihr zu folgen ist höchstes Glück und tiefster Schmerz. Für nichts lohnt es sich so zu kämpfen wie für die Liebe, und nichts ist es wert, dafür so viel zu leiden wie für sie. Sie ist das größte aller Geheimnisse. Sie ist unsere Bestimmung. Wenn wir der Liebe begegnen, begegnen wir Gott.«

»Du bist wahrlich ein weiser Mann, Meister«, sagte der Schüler, »ich danke dir für deine Belehrung.«

Der Meister antwortete: »Ich habe dir zu danken. Du fragtest nach dem Glück und im Nachdenken bin ich meines eigenen Glücks gewahr geworden, dich zum Schüler zu haben. Du wolltest lernen, du selbst zu sein, und bei der Antwort habe ich die Frage wieder entdeckt, wer ich eigentlich bin. Du wolltest wissen, was der Sinn des Lebens ist, und hast mich damit an meine Bestimmung erinnert, der Liebe zu folgen. In der Torheit meiner Antworten ist mir die Weisheit deiner Fragen aufgeleuchtet.«

Und so saßen sie beide und schwiegen.

Stichworte Glück, Weisheit, Selbstwerdung, Sinn

Ans andere Ufer wagen

Lieben Sie Veränderungen, haben Sie Spaß an Neuem oder sind Sie eher ein Typ, der auf Ordnung und Beständigkeit Wert legt? Das hängt mit der Persönlichkeit zusammen. Es gibt Menschen, die brauchen Sicherheit und klare Verhältnisse. Umzüge sind ihnen ein Gräuel. 20 Jahre lang fahren sie im Urlaub in dasselbe Dorf in Südtirol, weil sie das Vertraute lieben. Andere brauchen den Wechsel: neue Tapeten, neue Bekannte, neue Herausforderungen. Sie lieben das Abenteuer und kommen gut zurecht mit Unordnung oder überraschendem Besuch.

Es ist gut, wenn wir wissen, welche Seite in uns stärker ausgeprägt ist. Dann können wir auch einmal die Gegenseite ausprobieren: als Sicherheitstyp ein wenig Spontaneität riskieren und als Chaosliebhaber den Wert von Verlässlichkeit und Ordnung entdecken. Das Leben wird reicher, wenn wir uns gelegentlich auch ans andere Ufer wagen.

Stichworte   Veränderungen, Aufbruch, Persönlichkeitsentwicklung

Lass dir die Zeit, die du brauchst

»Gut Ding will Weile haben.« Das Sprichwort benennt die Erfahrung, dass die wertvollen Dinge im Leben oft langsam wachsen müssen. Sie brauchen ihre Zeit, um heranzureifen. Bei Obst oder Käse mag es gelingen, die erforderliche Reifezeit künstlich abzukürzen, im Leben geht das nicht.

Das Sprichwort ist aus der Mode gekommen. Erst recht die Weisheit, die es enthält. Fast Food spart Zeit. Kaffee und Tee aus der Dose! Instant-Pulver ermöglicht schnellen Genuss.

Inzwischen sind viele Lebensbereiche davon erfasst. Alles sofort! Geduld zählt nicht mehr zu den Tugenden. Warten können ist out. Geht dabei nicht manches verloren? Wenn schon vor dem Advent die Christbäume aufgestellt werden, wenn das Geburtstagsgeschenk schon sechs Wochen vorher überreicht wird, weil es praktischer ist und die neuen Schlittschuhe jetzt schon gebraucht werden, dann mögen das Kleinigkeiten sein. Hat das aber vielleicht auch zu tun mit einem gestörten Verhältnis zur Zeit und zur Endlichkeit des Lebens? Je mehr wir beschleunigen, umso schneller jagen wir am Eigentlichen vorbei. Wir gewinnen an Fläche, aber wir verlieren an Tiefe. Nicht nur ökologisch kommen wir aus dem Gleichgewicht, wenn wir in wenigen Generationen verbrauchen, was in Jahrtausenden gewachsen ist. Auch innerlich werden wir arm, trocknen wir aus, werden oberflächlich und gehetzt, wenn wir den Einklang mit dem Rhythmus des Lebens verloren haben. Gegensteuern wäre gut. Zeit lassen, wachsen lassen, genießen können, die Spannung aushalten, Geduld haben. Von »Frustrationstoleranz« sprechen die Psychologen, »Gelassenheit« und »innere Ruhe« empfehlen die Meister geistlichen Lebens. Wer sich auf den Weg macht, ist nach den ersten Schritten noch nicht am Ziel. Doch im Gehen wächst der lange Atem, und vielleicht lerne ich dabei, dass alles, was wirklich reifen soll, seine Zeit braucht.

Stichworte   Zeit, Reifen, Geduld, Lebensrhythmus, Gelassenheit, Warten
Bibelstelle   Koh 3,1–15

Sein dürfen

Gehören Sie zu den Menschen, die ungern eine Schwäche zugeben? Oder die sich furchtbar über einen Fehler ärgern können? Oder die eifrig bemüht sind, es ja allen recht zu machen? Dann tragen Sie vielleicht seit der Kindheit einprogrammierte Antreiber mit sich herum. Sei stark! Sei perfekt! Sei liebenswert! – so können die heimlichen Befehle heißen. Oft schon in jungen Jahren wurden sie uns eingepflanzt. Jetzt steuern sie unser Verhalten. Und sie treiben uns an, die Zähne zusammenzubeißen, Höchstleistung von uns zu fordern und so zu sein, wie die anderen uns haben wollen.

Es kann helfen, solchen inneren Antreibern ganz persönliche Erlauber entgegenzusetzen: Du darfst schwach sein! Du darfst Fehler machen!

Du darfst du selber sein. Probieren Sie es aus: Es entlastet, wenn Sie sich erlauben, Mensch zu sein.

Über dem Eingang der Würzburger Augustinerkirche steht in goldenen Buchstaben ein Satz, der oft dem hl. Augustinus zugeschrieben wird, aber von dem mittelalterlichen Gelehrten Duns Scotus stammt. Er ist der Willkommensgruß für jeden, der eintritt: »Ich will, dass du bist.« Wie ein Schlüsselsatz für mein Leben steht er über der Tür. Der Schöpfer selbst spricht ihn aus. Das, so meint Duns Scotus, heißt lieben: »Ich will, dass du bist.« Eine Kurzformel für unser Leben und unseren Glauben. Weil wir geliebt sind, dürfen wir sein.

Stichworte Leistungsdruck, Versagensangst, Selbstvertrauen, Wertschätzung

Der Verborgene zeigt sich

Der Jugendroman »Sofies Welt« von Jostein Gaarder beginnt so: Die jugendliche Sofie Amundsen bekommt einen Brief, auf dem drei Worte stehen: »Wer bist Du?« Diese Frage lässt sie nicht mehr los. Wer bin ich? Und Sofie wird noch mit weiteren Fragen konfrontiert, zum Beispiel: »Woher kommt die Welt?« Daraus entwickelt sich eine Erzählung, der Jostein Gaarder den Untertitel gibt: »Roman über die Geschichte der Philosophie«.

Zu allen Zeiten und in allen Kulturen haben die Menschen Fragen gestellt, wie sie Sofie Amundsen begegnen: »Wie wurde die Welt erschaffen? Liegt hinter dem, was geschieht, ein Wille oder ein Sinn? Gibt es ein Leben nach dem Tod? Wie sollen wir überhaupt die Antwort auf solche Fragen finden? Und vor allem: Wie sollen wir leben?«[8]

Solche »philosophischen Fragen« sind gleichzeitig auch religiöse Fragen. Denn jede Religion macht den Menschen ein Deutungsangebot, wie sie

---

8   Jostein Gaarder, Sofies Welt, München-Wien ²⁶1994, 20.

ihr Leben und die Welt verstehen können. Die Religion spricht von dem, was »uns unbedingt angeht« (Paul Tillich), von dem, was dem Leben Sinn und Grund und Perspektive gibt.

Das Christentum versteht sich als eine »Offenbarungsreligion«. Das heißt: Die Antworten auf jene Ur-Fragen des Menschen werden nicht allein durch philosophisches Nachdenken gesucht. Als Christen glauben wir: Das Geheimnis, das wir »Gott« nennen, jener unfassbare Horizont, der in unseren Fragen und in unseren Antworten aufscheint, sich aber gleichzeitig wieder entzieht, wenn wir ihn zum Objekt unseres Denkens machen wollen, hat sich selbst geöffnet und mitgeteilt. »Offenbarungsreligion«, das heißt: Es gibt nicht nur den verzweifelten Schrei des Menschen nach dem namenlosen Gott, sondern es gibt auch den Ruf Gottes an den Menschen. Ja, Gott hat zuerst gesprochen, schon von Beginn der Welt an, wie es die Schöpfungserzählung im ersten Kapitel der Bibel symbolträchtig ausdrückt, und der Mensch kann nur nach Gott rufen, weil er selbst ein Gerufener ist. Der Verborgene eröffnet einen Zugang zu sich selbst, gibt sich zu erkennen, teilt sich mit. Deshalb ist der Glaube Antwort. Er beginnt damit, dass wir das »Wort« hören, das Gott selber ist. Das könnte einen ganz neuen Zugang zu der Frage eröffnen: »Wer bist Du?«

Stichworte   Grundfragen, Religion, Gott, Offenbarung, Glaube, Ruf und Antwort

Jesus Christus – geheimnisvolles »Bild« Gottes

Wie alle Offenbarungsreligionen geht das Christentum davon aus, dass Gott selbst sich den Menschen gezeigt hat, zu ihnen in Beziehung getreten ist. Die älteste Form, wie das Göttliche für die Menschen erfahrbar wird, sind die Erscheinungen der Natur. Tag und Nacht, Sonne und Mond, der Wechsel der Jahreszeiten, Wachsen und Vergehen, Leben und Tod werden gedeutet als Hinweise auf eine geheimnisvolle Macht, die sich – faszinierend und erschreckend zugleich – den Menschen zeigt. Als moderne Menschen des 21. Jahrhunderts lächeln wir heute über solche naiven naturreligiösen Vorstellungen. Aber manchmal streift uns auf tiefer emotionaler Ebene der geheimnisvolle Zauber einer sternenklaren Nacht und weckt die Ahnung, dass es mehr gibt, als unsere Schulweisheit sich träumen lässt.

Der entscheidende Schritt in Richtung Offenbarungsreligion geschieht dann, wenn die Überzeugung Raum greift, dass Menschen in Beziehung treten können zu dieser geheimnisvollen Macht. Das ist vielleicht die größte Hürde für die Skeptiker von heute. Viele mögen einräumen, dass es so etwas gibt wie eine universale Kraft, eine kosmische Weisheit, eine »Weltseele« oder wie immer man es nennen mag. Aber dass Menschen in Beziehung treten können zu diesem Urgrund der Welt, zum »Sein des Seienden«, zum absoluten Geheimnis, ist oft nicht nachvollziehbar. Genau das aber ist der Kern des Glaubens von Juden und Christen. Bildhaft ausgedrückt: Gott hört, Gott sieht, Gott spricht. Es gibt Kommunikation zwischen Gott und Mensch. Nicht philosophisches Denken hat zu dieser Überzeugung geführt, sondern innere Erfahrung. Es ist der Weg der Mystik. Dieser Weg besteht nicht in der »Enträtselung«, sondern in der Hingabe an das Geheimnis. Er ist nicht analytisch, sondern ganzheitlich, zielt nicht auf das Begreifen, sondern auf die »Einung«.

Im jüdischen Glauben ist die Vorstellung zentral, dass Gott eine Beziehung hat zu seinem Volk, dass er mit ihm im Dialog steht. Das Christentum knüpft daran an, geht aber noch einen entscheidenden Schritt darüber hinaus. Der Hebräerbrief bringt es so auf den Punkt: »*Vielfältig und auf vielerlei Weise hat Gott einst zu den Vätern gesprochen durch die Propheten; am Ende dieser Tage hat er zu uns gesprochen durch den Sohn ...*« (Hebr 1,1f). Der »Sohn« – das ist Jesus Christus. Er ist die Offenbarung Gottes in Person. Die Bibel nennt ihn das »Bild des unsichtbaren Gottes« (Kol 1,15). Damit rückt Jesus Christus ins Zentrum des christlichen Glaubens.

Aber auch von Jesus haben wir nur Bilder. Keiner der Evangelisten hat ihn persönlich gekannt, keiner war Augenzeuge. Das älteste Evangelium wurde erst 40 Jahre nach Jesu Tod niedergeschrieben. Es malt ein Bild von Jesus, wie es dem überlieferten Glauben der Gemeinde entspricht. Die Jesusgeschichten der Evangelien dienen der Verkündigung. Sie wollen Glauben wecken. Es geht ihnen um existenzielle Wahrheit, um Glaubenswahrheit, nicht um historische Fakten.

Auch hier liegt ein Stolperstein für modernes Denken. Wir möchten in der Regel wissen, »wie es wirklich war«. Wahrheit verstehen wir als historische Wahrheit. Sie gründet auf nachweisbaren Fakten. Es gibt aber auch eine innere, existenzielle Wahrheit, die eine andere Qualität hat. Vertrauen, Treue, Liebe lassen sich nicht messen und nicht beweisen. »Das Herz hat seine Gründe, welche die Vernunft nicht kennt ...«, lautet ein berühmter Satz von Blaise Pascal. Es gibt Wahrheiten, die kommen in Bildern, in Poesie, in Geschichten zum Ausdruck. Wer das Sterntaler-Märchen der Brüder Grimm nur danach beurteilt, dass keine Sterne vom Himmel fallen und sich in blanke Taler verwandeln können, dem entgeht die tiefe Wahrheit, dass Schenken reich machen kann.

Wer eindimensional an der historischen Wahrheit klebt, ist mit den Jesusbildern, die die Evangelisten malen, nicht zufrieden. Er wünscht sich Fotos: detailgenau und historisch korrekt. Ist das der bessere Weg, um dem Geheimnis einer Person auf die Spur zu kommen? Würde uns beispielsweise ein Foto von Madonna Lisa, der Frau des florentinischen Kaufmanns Francesco del Giocondo, ihr Wesen besser erschließen als das weltberühmte Porträt von Leonardo da Vinci, das als »Mona Lisa« bekannt ist? Darüber mag man streiten. Sicher ist, dass die Mona Lisa eine Ausstrahlung hat, die ein Foto nie erreichen könnte. Ein fotografisches Passbild würde Madonna Lisa abbilden, da Vincis Gemälde berührt das Herz. Hunderte von Interpreten und Kunstexperten haben sich mit diesem Bild befasst, das wohl um 1503 entstanden ist. Sie sind beeindruckt, wie hier Individualität und Symbolhaftigkeit zu einer Einheit verschmelzen, wie gleichzeitig »Charme« und »Frostigkeit« zum

Ausdruck kommen, wie sogar männlich und weiblich geheimnisvoll oszillierend ineinander übergehen. Dazu das unergründliche Lächeln, das Generationen von Betrachtern fasziniert und irritiert hat.

Man kann sich diesem Bild aussetzen, sich ihm künstlerisch, vielleicht auch existenziell-persönlich nähern, man kann aber auch – wie es allen Ernstes geschehen ist – wissenschaftlich nachzuweisen versuchen, dass das berühmte Lächeln der Mona Lisa auf eine Fehlstellung der Schneidezähne von Frau Gioconda zurückzuführen ist.

Auch die Evangelien sind kunstvolle Gemälde, keine Fotos von Jesus. Sie zeigen ihn so, wie die ersten Gläubigen ihn sahen. Sie bleiben nicht an der historischen Oberfläche, sondern lassen die tiefe Wahrheit seiner Person aufleuchten. Sie schauen auf Jesus nicht mit dem Objektiv einer Kamera, sondern mit den Augen des Glaubens und mit dem Herzen der Liebe.

Zwei Vergleichspunkte mit dem Beispiel Mona Lisa gefallen mir besonders: Die Genialität von Leonardo da Vinci zeigt sich daran, dass der Betrachter der Mona Lisa sich immer von ihr angeschaut fühlt. Genau so erzählen auch die Evangelisten ihre Jesusgeschichten: Als Hörerin oder Hörer fühle ich mich selber angesprochen. Es geht um mich. Seine Worte, sein Leben fordern mich heraus. Historische Fakten lassen kalt. Die Jesusgeschichte berührt mich. Damit hängt auch der zweite Vergleichspunkt zusammen: Da Vincis Mona Lisa gilt als unvollendet. Auch die Jesusgeschichte ist noch nicht zu Ende. Sie geht weiter. Sie will sich fortsetzen in meinem Leben.

Stichworte Offenbarung, Beziehung, Dialog, Mystik, Evangelien, Jesus Christus

Bibelstellen Kol 1,15; Hebr 1,1f

Besondere Einsatzmöglichkeiten Glaubensseminare, Bibelarbeit

Gottesträume
Traum 1

Aufsehen erregte 1969 ein Buch des französischen Journalisten André Frossard mit dem Titel: »Gott existiert. Ich bin ihm begegnet.« Frossard, ursprünglich ein Atheist, erzählt, wie ihm am 8. Juli 1935 in einer unscheinbaren Kapelle in Paris Gott begegnet ist. Was er beschreibt, ist eine Gotteserfahrung. Auch andere Menschen berichten von solchen Gotteserfahrungen: der Apostel Paulus, Franz von Assisi, der Philosoph Blaise Pascal und viele andere. Schon in der Bibel gibt es Szenen, die schildern, wie Gott sich zu erkennen gibt. Von einer »Theophanie« – Gottesoffenbarung spricht – die Religionswissenschaft. Berühmt ist die Erzählung von der Offenbarung Gottes vor Elija auf dem Berg Horeb:

»Dort ging er in eine Höhle, um darin zu übernachten. Doch das Wort des HERRN erging an ihn: Was willst du hier, Elija?

Er sagte: Mit leidenschaftlichem Eifer bin ich für den HERRN, den Gott der Heerscharen, eingetreten, weil die Israeliten deinen Bund verlassen, deine Altäre zerstört und deine Propheten mit dem Schwert getötet haben. Ich allein bin übrig geblieben und nun trachten sie auch mir nach dem Leben.

Der HERR antwortete: Komm heraus und stell dich auf den Berg vor den HERRN! Da zog der HERR vorüber: Ein starker, heftiger Sturm, der die Berge zerriss und die Felsen zerbrach, ging dem HERRN voraus. Doch der HERR war nicht im Sturm. Nach dem Sturm kam ein Erdbeben. Doch der HERR war nicht im Erdbeben.

Nach dem Beben kam ein Feuer. Doch der HERR war nicht im Feuer. Nach dem Feuer kam ein sanftes, leises Säuseln.

Als Elija es hörte, hüllte er sein Gesicht in den Mantel, trat hinaus und stellte sich an den Eingang der Höhle.« (1 Kön 19,9–13)

Manche Bibeltexte können wir lesen wie Träume. So sieht es die tiefenpsychologische Schriftauslegung. Der Traum hat ja seine eigene Sprache. In verschlüsselten Bildern teilt er uns etwas mit, das wichtig ist für unser Leben.

Auch unserem Bibeltext können wir nachspüren wie einem Traum, der eine wichtige Botschaft für uns enthält:

Elija begegnet Gott. Nicht ungewöhnlich für einen Propheten. Alles scheint nach bekanntem Muster zu verlaufen: Der Gottesberg Horeb, bekannt aus der Mosegeschichte. Die Höhle, uraltes Traumsymbol. Und dann die vertrauten Bilder, die in den Religionen des Alten Orients und auch in der Bibel oft mit einer Gotteserscheinung verbunden sind: Gewittersturm, Erdbeben, Feuer.

Doch etwas ist diesmal anders. Der Traum verläuft nicht in den gewohnten Bahnen. Sturm, Beben, Feuer ziehen vorüber, Gott zeigt sich nicht. Er ist nicht da, wo man ihn erwartet. War er nicht bisher der große Donnerer, machtvoll im Sturm, vor dem die Erde erzittert, ein Gott wie loderndes Feuer?

Diesem Gott wollte Elija dienen als Prophet. Sprachrohr des Mächtigen wollte er sein. Es den andern Völkern mit ihren falschen Göttern zeigen. Hatte er nicht gerade erst auf dem Berg Karmel 450 Baalspriester durch ein Gottesurteil besiegt und sie töten lassen? Jahwe ließ Feuer vom Himmel fallen und der Opferstier Elijas verbrannte zum Zeichen dafür, dass er der wahre Gott ist.

Jetzt war er auf der Flucht vor Königin Isebel, die den Tod der Baalspriester rächen wollte. In einer Höhle hatte er sich versteckt und rief nach Jahwe, dem Mächtigen, dem Sturm- und Feuergott, aber er kam nicht.

Und im Traum werden wir selbst zu Elija, kauern in unserer Höhle, wollen Gott auf den Plan rufen, den Mächtigen, der uns hilft, der dreinfährt in alle Verblendung und alles Elend der Welt, der unseren Sorgen ein Ende macht – aber er verbirgt sich. Alle bekannten Erscheinungsweisen sind durchgespielt: Sturm, Beben, Feuer, alle Möglichkeiten scheinen erschöpft, da kommt ein sanftes, leises Säuseln und mit ihm kommt Gott.

Er zeigt sich auf andere, völlig neue Weise. Martin Buber, der große jüdische Gelehrte, übersetzte es so: Es kam eine »Stimme verschwebenden

Schweigens«. Darin begegnet Gott. Unglaublich zart, kaum wahrnehmbar, verschwebendes Schweigen.

Eine Lektion für Elija, für uns. So zeigt sich Gott. So begegnet er uns. So ist er. Vom Felsen zerbrechenden Donnerer zur Stimme verschwebenden Schweigens. Wie anders müssen wir jetzt unsere Antennen einstellen! Keine lauten Töne sind mehr angebracht, wenn wir von Gott sprechen. Seine Gegenwart erfahren wir nicht immer klar und deutlich. Er ist nicht da, wo wir ihn erwarten, wo wir nach ihm Ausschau halten. Und wenn wir ihm begegnen wollen, dann müssen wir in unserem Leben jener leisen Stimme verschwebenden Schweigens Raum geben, müssen hineinhorchen in die geheimnisvolle Stille, die zu uns spricht, wenn wir ganz bei uns selber sind.

Menschen wie André Frossard sind eine Ausnahme. Wir werden wohl eher zu den Menschen gehören, die Gottes leise Stimme auch gern mal überhören. Die Nebengeräusche des Lebens sind oft zu laut. Manchmal schauen wir aber auch nur in die falsche Richtung, warten auf einen Donnerschlag oder ein großes Beben. Dabei könnte uns die Elija-Geschichte daran erinnern: Gott zeigt sich anders, als du denkst. Manchmal ist seine Stimme nur wie ein »verschwebendes Schweigen«.

Traum 2

Wir stehen am See Gennesaret (Mt 14,22–33). Der geheimnisvolle Gott der alten Propheten hat sich auf neue Weise zu erkennen gegeben: In einem Menschen, in Jesus von Nazaret leuchtet seine Gegenwart auf.

Gerade ist das Speisungswunder vorbei. Die Jünger sitzen im Boot und rudern über den See. Jesus betet einsam auf einem Berg. Jetzt ist die Zeit der vierten Nachtwache, zwischen 3 und 5 Uhr, wenn die Träume am intensivsten sind. Die Wellen des Sees lassen das Boot schwanken, Gegenwind bläst ihnen ins Gesicht. Da erscheint aus Nebel und Dunkelheit eine Gestalt. Es ist Jesus, der über das Wasser auf sie zukommt. Aber sie erschrecken vor ihm wie vor einem Gespenst und schreien vor Angst. Solche Alpträume sind uns nicht fremd. Stürmische See und schwankendes Boot – uralte Traumbilder für das, was unser Leben bedrängt. Kein fester Boden mehr unter den Füßen. Ins Schlingern geraten. Gegenwind. Wer kennt das nicht? Gescheiterte Pläne, eine Krankheit, die alles ins Wanken bringt, Sorgen, Schmerzen, Ärger werfen das Lebensschiff hin und her. Der Tod eines lieben Menschen lässt uns in Verzweiflung versinken. Und dann die geisterhafte Gestalt aus dem Nebel. Er, der da aus der Dunkelheit erscheint wie ein Dämon der Nacht, macht Angst. Bis sie sein Gesicht erkennen. Bis sie seine Stimme hören: »Ich bin es.« Hatte Gott einst nicht ähnliche Worte zu Mose gesprochen am brennenden Dornbusch? »Ich bin, der ich bin.« Theophanie damals und jetzt.

Da wendet sich der Traum. »Fürchtet euch nicht!« Und Petrus fasst Mut. Er hört die Stimme: »Komm!« Es ist die Stimme, die einst gesagt hatte: »Folge mir nach!« Und er steigt aus dem Boot, wagt den Schritt auf den See. Über das Wasser gehen – im Traum und im Märchen gelingt das wie selbstverständlich. Und auch der Glaube trägt über die Tiefen.

Entscheidend ist, wohin ich schaue. Wer auf Jesus zugeht, ist gehalten. Vertrauen macht den schwankenden Boden fest. Wer glaubt, zittert nicht. Erst als der Blick von Jesus weg auf die stürmischen Wellen geht, kommt die Angst. Jetzt ist der Halt verloren. »Herr, rette mich!« Auch diesen Hilferuf kennen wir. Manchmal schlagen die Wellen über uns zusammen, steht uns das Wasser bis zum Hals,. Manchmal verlassen uns Mut und Hoffnung und wir haben das Gefühl, wir gehen unter. »Herr, rette mich!«

Und er, der aus der Nacht über das Wasser gekommen ist, ergreift meine Hand. Und in tiefer Traumgewissheit weiß ich: Diese Hand will ich nie mehr loslassen. Und ihm, der mir seine Hand gereicht hat, der gesagt hat: »Komm!«, ihm will ich folgen mein Leben lang: durch Wellen und Gegenwind und auf schwankender See.

Und wenn einmal am Ende aller Stürme mein Lebensschiff zu sinken beginnt und die Angst mich überschwemmt, ich könnte untergehen in der Tiefe des Meeres, dann werde ich erneut seine Stimme hören:

»Komm!« Und ich werde seine Hand ergreifen und den Schritt wagen in die Dunkelheit und jene uralte Stimme verschwebenden Schweigens werde ich deutlich sagen hören: »Hab Vertrauen. Ich bin es.«

Stichworte   Gotteserfahrung, Traum, Schweigen, Glaube, Vertrauen
Bibelstellen   1 Kön 19,9–13; Mt 14,22–33
Besondere Einsatzmöglichkeiten   Lesejahr A, 19. Sonntag im Jahreskreis

Credo

Ich glaube an Gott, das Geheimnis aller Geheimnisse,
den wir in Bildern Vater oder Mutter nennen,
den Allmächtigen, den Ohnmächtigen,
den Gott der Nähe und den Gott der Ferne,
den Unbegreiflichen, den Unaussprechlichen,
dem wir alles verdanken, was geschaffen ist.

Ich glaube an Jesus Christus,
Gottes zärtliches Wort an uns,
sein Liebesbrief,
geschrieben in Fleisch und Blut.
Bei seiner Geburt
leuchtete der Stern
als Zeichen
für eine neue Zeit.

Er sprach von der Liebe
und von Gottes Nähe,
die alles verändert.
Das war sein Tod.
Doch die Hoffnung starb nicht
am Kreuz.

Gott selbst
rief ihn heraus aus dem Grab –
hinein in das Leben, das er selber ist.

Ich glaube an Gottes Atem in uns,
an seine Flamme
in unserem Herzen,
das Band der Liebe,
durch das wir verflochten sind miteinander
und mit Gott.

Ich glaube,
dass die Kirche berufen ist, dafür Zeichen zu sein.
Und ich glaube,
dass ganz am Ende,
wenn die Zeit für uns gekommen ist,
unser Leben hineinmündet
in das Licht Gottes,
das alles Dunkle überstrahlt.

Amen.

Dem wahren Gott

Die griechischen Sagen berichten, wie es zum berühmten Trojanischen Krieg gekommen ist: Auf der Hochzeit der Göttin Thetis mit Peleus waren alle Götter und Göttinnen eingeladen. Nur Eris nicht, die Göttin der Zwietracht, was man ja verstehen kann. Da tauchte Eris plötzlich auf und warf einen goldenen Apfel in die Hochzeitsgesellschaft. Darauf befand sich die Inschrift: »Der schönsten Frau«. Wer aber war die schönste unter all den strahlenden Göttinnen? Drei kamen in Frage: Hera, die Gemahlin des Zeus, Athene, die Göttin der Weisheit und des Kampfes, und Aphrodite, die Göttin der Liebe und der Schönheit. Dem Göttervater Zeus war die Frage zu heiß, deshalb schlug er vor, ein anderer solle entscheiden, wem der Apfel gehöre. Er hatte auch schon einen Schiedsrichter im Auge: einen Sterblichen, den schönen jungen Paris, den Sohn des trojanischen Königs Priamos, der im Ida-Gebirge die Schafe und Ziegen hütete.

Der war nicht schlecht erstaunt, als plötzlich die drei Göttinnen bei ihm auftauchten und er entscheiden sollte, welche die Schönste sei. Er merkte natürlich sofort, dass er sich gehörig in die Nesseln setzen würde, wenn er eine gegenüber den anderen bevorzugte, aber sie machten ihm interessante Angebote, um seine Entscheidung zu beeinflussen:

Hera versprach ihm Reichtum und Macht. Über Königreiche solle er herrschen, wenn er ihr den Apfel zuspreche.

Athene stellte ihm Siege in Aussicht und unsterblichen Ruhm.

Aphrodite schließlich bot ihm an, sie werde ihm die schönste Frau auf Erden verschaffen: die schöne Helena, auch wenn diese bereits mit Menelaos, dem König von Sparta, verheiratet war.

Paris gab Aphrodite den Apfel. Diese ließ Helena in Liebe zu ihm entflammen, Paris brannte mit ihr durch, ihr Mann nahm die Verfolgung auf – und so kam es zum Trojanischen Krieg.

Was Götter den Menschen versprechen! Macht und Reichtum, Sieg und Ruhm, Glück in der Liebe. Kein Wunder, dass die Entscheidung schwerfällt! Welchen Weg soll ich wählen? Was Jesus in Aussicht stellt, kann mit den Lockangeboten der Götter kaum konkurrieren: »Wer meinen Weg gehen will, der verleugne sich selbst, nehme täglich sein Kreuz auf sich und folge mir nach«, so hat er einmal gesagt. Ja, er selbst erscheint völlig anders als die berühmten Götter- und Heldengestalten: Geboren in einem Stall als Sohn armer Leute statt Macht und Reichtum! Kreuzbalken statt Siegerlorbeer! Erniedrigung statt Macht und Reichtum! Selbstverleugnung statt erotische Freuden!

Was hast du zu bieten, Jesus? Keine göttliche Lichtgestalt! Kein königlicher Anführer, der das Land von den Römern befreit und Davids Reich wieder herstellt! Im Gegenteil: Der Menschensohn muss leiden. Er wird keinen Erfolg haben. Er wird getötet werden. Aber am dritten Tage wird er auferstehen. Das ist unser uraltes Glaubensbekenntnis.

Was finden Menschen an diesem Jesus? Warum glauben wir an ihn? Warum nicht den Weg der Macht gehen, den Weg des Ruhms oder der Genüsse des Lebens? Warum den Krippenweg, den Kreuzweg? Gibt es nicht bessere Götter, denen es sich zu folgen lohnt?

Als Lukas sein Evangelium schrieb, war im römischen Reich der Götterhimmel voll mit attraktiver Konkurrenz. Das ist heute nicht anders. Setze dich durch mit dem Kriegsgott Mars an der Seite! Genieße rauschhaft das Leben mit Gott Bacchus! Oder halte dich gleich an Jupiter, den Besten und Größten!

Was wollt ihr da mit Jesus, dem Menschensohn, dem Krippenkind, das am Kreuz endet? Siegertypen brauchen andere Götter.

Und ich stelle mir vor, ich stünde an der Stelle des Königssohnes Paris. Und neben Hera, Athene und Aphrodite träte noch der Menschensohn aus Nazaret. Und auf den goldenen Apfel wäre nicht geschrieben: »Der schönsten Frau«, sondern: »Dem wahren Gott«. Und ich stelle mir die Versprechungen vor, die die einen machen: Reichtum und Macht, Siege und Ruhm, Schönheit und Liebesfreuden, und dann die Einladung des anderen: den Weg an der Seite der Armen gehen, bereit sein, den letzten Platz einzunehmen, dienen statt herrschen, dem Weg der Liebe folgen bis zum Ende.

Was meinen Sie? Sie kennen das Leben. Sie wissen, dass es nicht nur Höhen gibt, sondern auch Tiefen. Manche Nächte mussten überstanden, manche Tränen geweint werden. Manche Wunden hat das Leben uns geschlagen. Wir sind gefallen und wieder aufgestanden. Wir haben gewonnen und haben verloren. Wie hört es sich da an, wenn einer sagt: »Wenn du meinen Weg gehen willst, dann nimm an, was das Leben bringt. Stelle dich auch dem Schweren. Lass den Mut nicht sinken und folge mir nach. Auch ich bin den Weg des Leidens gegangen, bis in den

Tod. Aber das letzte Wort sprach Gott selbst: Steh auf. Und er wird es auch zu dir sprechen, wenn deine Stunde gekommen ist.«

Auf welche Stimme hören Sie? Wem würden Sie den Apfel geben mit der Aufschrift: »Dem wahren Gott«? Könnte es sein, dass es ganz gegen jede Logik stimmt: Wer sein Leben und sein Glück mit aller Macht behaupten will, wer die Rosinen herauspickt und nimmt, was er kriegen kann, der steht am Ende mit leeren Händen da. Wer aber sein Leben einsetzt und hingibt für das, was ihm wichtig ist, für das, was er liebt, der wird am Ende, auch wenn er alles gegeben hat, nicht arm sein, sondern reich.

Wer den Weg Jesu geht, leidet mit den Leidenden, steht an der Seite der Unterdrückten, vergibt, statt zurückzuschlagen, gibt, statt zu nehmen. Wer den Weg Jesu geht, kämpft nicht um den besten Platz für sich selbst, weicht der Not nicht aus, auch wenn es weh tut, bleibt sich treu, auch wenn es Nachteile bringt. Wer den Weg Jesu geht, verliert scheinbar viel, gewinnt aber in Wirklichkeit alles. Der Königssohn Paris hat am Ende sein Leben verloren. Er stirbt an einem vergifteten Pfeil. Wie mag er wohl im Rückblick über seine Wahl gedacht haben? Wie mag es uns ergehen?

Den Apfel mit der Aufschrift: »Dem wahren Gott« – ich weiß, wem ich ihn geben würde.

Bibelstelle   Lk 9,18–24
Besondere Einsatzmöglichkeit   Lesejahr C, 12. Sonntag im Jahreskreis

Feuer-Werfer

Wer sich für Fußball interessiert, weiß, dass bei Turnieren die interessantesten Spiele erst ab dem Achtelfinale beginnen. Ob Welt- oder Europameisterschaft: Wenn die Gruppenphase vorbei ist, dann kommt erst so richtig Feuer ins Spiel. Denn ab dem Achtelfinale geht es um die Wurst. Wer hier verliert, fliegt raus. Ein einziges Spiel entscheidet: Weiterkommen in die nächste Runde oder heimfahren. Vorher, in der Gruppenphase, konnte man noch taktieren. Man durfte auch mal verlieren oder unentschieden spielen. Erst am Ende wurden Punkte und Tore gezählt. Jetzt ist jedes Spiel ein Endspiel. Die Entscheidung fällt jetzt.

Dieser Seitenblick auf den Fußballplatz hilft mir, besser zu verstehen, was Jesus mit dem Satz gemeint hat: »Ich bin gekommen, um Feuer auf die Erde zu werfen. Wie froh wäre ich, es würde schon brennen!« (Lk 12,49) Ungewöhnlich flammende Worte spricht er zu seinen Jüngern. Es geht um den Endkampf. Um die Entscheidung. Das Feuer ist schon auf die Erde geworfen, die Flamme schon entfacht. Bald wird sie auflodern und eure Herzen in Brand setzen. Es ist das Feuer der Entscheidung, des Gerichts, der Läuterung. Diesem Feuer könnt ihr nicht ausweichen. Es fordert euch heraus. Ihr müsst euch entscheiden. Und das kostet seinen Preis. Es bleibt nicht friedlich und gemütlich. Entscheidung kann Spaltung bedeuten. Und der Riss kann mitten durch euer Leben, durch eure Familie gehen.

Für uns klingen diese Worte fremd. Sie spiegeln noch ein wenig von der Zeit der frühen Christen, als es Bekehrungen gab und Verfolgungen, als man sich entscheiden musste und losreißen vom alten Glauben. Kein Thema mehr für uns heute! Wir sind aufgewachsen als Christen. Sind mit dem Glauben alt geworden. Da braucht es keine Entscheidungen. Uns muss man nicht anfeuern. Oder doch?

Das Bild vom Feuer spielt in der Bibel eine auffällige Rolle. Johannes der Täufer sagt einmal: »Ich taufe euch mit Wasser zur Umkehr. Der aber, der nach mir kommt, ist stärker als ich … Er wird euch mit dem Heiligen Geist und mit Feuer taufen.« (Mt 3,11) Kein Zufall auch, dass das Bild von Feuerzungen verwendet wird, um zu schildern, wie die Apostel vom Heiligen Geist erfüllt wurden. Ja, Gott selbst, so heißt es in der Bibel, ist wie ein verzehrendes Feuer. (Dtn 4,24; Hebr 12,29)

In diesen Bildern drückt sich die Erfahrung aus, dass die Begegnung mit Gott nicht etwas Harmloses oder Alltägliches ist. Sie trifft bis ins Mark. Sie brennt wie Feuer. In dieser Begegnung zerschmilzt alles Nebensächliche und Belanglose.

Blaise Pascal, einer der größten Philosophen und Mathematiker des 17. Jahrhunderts, hatte so eine Gotteserfahrung gemacht. Er schrieb sich einen Merkzettel, um diesen Augenblick nie zu vergessen. Dieses sogenannte »Mémorial« nähte er in seine Jacke ein, wo es ein Diener nach seinem Tode fand. Am Anfang nennt er die genaue Zeitangabe: Montag, 23. November 1654, halb elf bis ungefähr eine halbe Stunde nach Mitternacht. Dann folgt in Großbuchstaben das Wort FEU – Feuer. Und dann fährt er fort: »Gott Abrahams, Gott Isaaks, Gott Jakobs, nicht der Philosophen und Gelehrten. Gewissheit, Gewissheit, Empfinden: Freude, Friede …« Der Text geht noch weiter, aber ich hänge vor allem an dem ersten Wort: Feuer. Die Begegnung mit Gott, die mit Worten nicht zu beschreiben ist, drückt sich bildhaft aus als Berührung mit dem Feuer. Vielleicht fehlt uns doch etwas in unserem Glauben, wenn wir davon nie etwas gespürt haben. Wenn immer alles lauwarm und wohltemperiert geblieben ist. Wenn nie eine Entscheidung getroffen wurde, nie das Herz gebrannt hat. Dem hl. Augustinus wird das Wort zugeschrieben: »In dir muss brennen, was du in anderen entzünden willst.«

Stichworte   Feuer, Entscheidung, Gottesbegegnung
Bibelstellen   Lk 12,49–53; Mt 3,11
Besondere Einsatzmöglichkeit   Lesejahr C, 20. Sonntag im Jahreskreis

»Ich steh vor dir mit leeren Händen, Herr«

Es ist offensichtlich ein menschlicher Urwunsch, gut dazustehen vor anderen. Der Tiefenpsychologe Alfred Adler ist mit der These bekannt geworden, dass wir zeitlebens mit einem tief verwurzelten Minderwertigkeitsgefühl kämpfen. Deswegen müssen wir zeigen, dass wir groß, dass wir wertvoll, dass wir liebenswert sind. Und so pumpen wir immer von Neuem Kraft und Energie in die Aufrechterhaltung einer glänzenden Fassade, spreizen unsere Federn und versuchen, anderen zu imponieren: »Mein Haus, mein Auto, mein Boot!« Diese Größen-Sucht hinterlässt manche Wunden: in uns selbst und um uns. Nicht selten machen wir andere klein, um selber größer dazustehen. Und wenn Alfred Adler recht hat, dann geschieht das deshalb, weil wir uns im Grunde als minderwertig empfinden. Weil wir uns selbst für unansehnlich halten, tun wir alles, um niemanden sehen zu lassen, wie wir wirklich sind. Deshalb all die Fassaden und Masken. Deshalb alle Demonstrationen unseres Erfolgs und unserer Bedeutung.

Das zeigt sich in der großen Politik, aber auch im Alltag: in Klassenzimmern, in Büros, in Vereinen, in der Nachbarschaft und sogar im Freundeskreis. Der biblische Weisheitslehrer Jesus Sirach spricht einmal von einem giftigen Kraut, das im Herzen des Größensüchtigen wurzelt. Und Jesus hält den Pharisäern vor: Solange ihr euch selbst für groß haltet und auf die anderen verächtlich herabschaut, findet ihr keinen Zugang zum Reich Gottes. »Denn wer sich selbst erhöht, wird erniedrigt, und wer sich selbst erniedrigt, wird erhöht werden.« (Lk 14,11)

Martin Buber fasst die Weisheitslehre des Judentums in dieser Frage so zusammen: Der Kern des Hochmuts besteht darin, sich an anderen zu messen und über andere zu urteilen. Und er zitiert das Wort eines Lehrers der Frömmigkeit: »Wenn heute der Messias kommt und sagt: Du bist besser als die anderen, dann sage ich ihm: Du bist nicht der Messias.«

Die Pharisäer taten alles, um vor Gott und den Menschen gut dazustehen. Jesus sagt: Das braucht ihr nicht. Ihr habt leere Hände. Aber das ist kein Makel; denn Gott wird sie euch füllen. Weil Gott euch voll Liebe ansieht, deshalb seid ihr ansehnlich und müsst nicht krampfhaft um euer Ansehen besorgt sein. Bei Gott bin ich angenommen vor aller Leistung und trotz aller Schuld. Ich muss meine Kräfte nicht damit vergeuden, eine »gute Figur« abzugeben, muss mich nicht länger hinter Fassaden verstecken. Weil trotz aller persönlichen Unzulänglichkeit bei Gott Gnade vor Recht ergeht, deshalb bin ich befreit vom Leistungsdruck der Selbstrechtfertigung.

»Wir sind Bettler, das ist wahr«, hatte einst Martin Luther festgestellt. Doch wir brauchen uns deshalb nicht zu schämen. Wir dürfen arm sein vor Gott, weil er uns reich macht. Wer das verstanden hat, wird selbstbewusst und bescheiden zugleich.

Stichworte   Minderwertigkeitsgefühl, Größensucht, Selbstrechtfertigung, arm vor Gott
Bibelstellen   Sir 3,17–18.20.28–29; Lk 14,1.7–14
Besondere Einsatzmöglichkeit   Lesejahr C, 22. Sonntag im Jahreskreis

Lebensprogramm

»Ein Junge weint nicht.« »Ein Mädchen sagt so etwas nicht!« »Der Teller wird leer gegessen!« – Kennen Sie solche Sätze? In unserer Kindheit wurden sie uns manchmal gesagt. Es gibt eine Reihe solcher Sätze, mit denen wir aufgewachsen sind und die sich in uns festgehakt haben: »Gib dir keine Blöße!« »Setz dich durch!« »Mach ja keinen Fehler!« Aber vielleicht auch: »Das kannst du doch nicht!« »Du bist ein Versager.« »Aus dir wird nie etwas.«

Manchmal sitzen diese Sätze so tief in uns, dass sie wie eine Programmierung wirken, die heimlich unser Leben steuert. Und so löffeln wir auch als Erwachsene immer noch Suppen aus, die wir uns gar nicht eingebrockt haben, zeigen Stärke, obwohl uns zum Heulen zumute ist, und halten den Mund, wo wir eigentlich reden sollten.

Manche Menschen stehen zeitlebens unter dem Einfluss der eingepflanzten inneren *Antreiber,* die ihnen befehlen: »Sei perfekt!« »Mach's besser!« »Du hast noch nicht genug!«, oder unter dem Einfluss der inneren *Verbieter,* die sagen: »So darfst du nicht denken!« »So darfst du nicht fühlen!« »So darfst du nicht sein!«

Auch eine Gesellschaft wird von solchen Sätzen gesteuert. Einen davon fand ich vor Jahren auf dem Werbeprospekt eines Möbelhauses: »Hast du was, bist du was« – stand da auf der Titelseite. Abgebildet eine schöne junge Frau, die in beschwingter Haltung vor der Balkontür steht und auf den See hinausschaut. Und hinter ihr, im Wohnzimmer, die edlen Möbel. »Hast du was, bist du was« – ein wichtiger Satz im Programm unserer Gesellschaft, in der Leistung zählt, in der Geld regiert, in der die Starken sich durchsetzen und die Erfolgreichen bewundert werden. Donald Trump mit seinem Kabinett aus Milliardären ist ein krasses Bespiel dafür.

Auch Religionen werden von Programmsätzen gesteuert. Im Judentum zur Zeit Jesu klang das etwa so: »Befolge das Gesetz Gottes um jeden Preis! Nur wenn du keinen Millimeter abweichst, kannst du vor ihm bestehen. Meide den Kontakt mit Sündern und Heiden, sonst wirst du unrein!«

Es ist schwer, eine so tief sitzende Steuerung umzuprogrammieren: in uns selbst, in der Gesellschaft oder in einer Religion.

Berühmt sind die Sätze, mit denen Jesus das alte Programm außer Kraft gesetzt hat. Auf einem Berg am See von Galiläa rief er seine Gegen-Sätze in die Herzen der Menschen, und bis ins Mark traf er damit die Spielregeln der Gesellschaft und die Eckpfeiler der jüdischen Religion:

»Selig, die arm sind vor Gott; denn ihnen gehört das Himmelreich.

Selig die Trauernden; denn sie werden getröstet werden.

Selig die Sanftmütigen; denn sie werden das Land erben.

Selig, die hungern und dürsten nach der Gerechtigkeit; denn sie werden gesättigt werden.

Selig die Barmherzigen; denn sie werden Erbarmen finden.

Selig, die rein sind im Herzen; denn sie werden Gott schauen.

Selig, die Frieden stiften; denn sie werden Kinder Gottes genannt werden.

Selig, die verfolgt werden um der Gerechtigkeit willen; denn ihnen gehört das Himmelreich.

Selig seid ihr, wenn man euch schmäht und verfolgt und alles Böse über euch redet um meinetwillen.

Freut euch und jubelt: Denn euer Lohn wird groß sein im Himmel.« (Mt 5,3–12a)

Weltberühmt geworden sind diese Sätze. Mit ihnen werden die Weichen der Gesellschaft umgestellt, werden die alten Regeln jüdischer Frömmigkeit umgeschrieben. Und auch unsere persönlichen Programmierungen werden erschüttert. Nicht mehr: »Selig die Anständigen, die eine weiße Weste haben; denn sie werden gut angesehen sein!«, sondern: »Selig, die arm sind vor Gott; denn ihnen gehört das Himmelreich.« Nicht mehr: »Selig die fehlerlos Frommen oder die Cleveren, die es zu etwas gebracht haben«, sondern: »Selig die Trauernden« und »Selig, die hungern und dürsten nach der Gerechtigkeit.«

Vieles ändert sich in unserem Leben und in unserem Glauben, wenn wir uns den Sätzen öffnen, die Jesus vom Berg aus in die Welt gerufen hat. Kein Leistungsdenken mehr vor Gott, kein krampfhaftes Bemühen, sein Wohlwollen zu verdienen, kein Aufrechnen guter Taten, kein Pochen auf moralische Sauberkeit. »Selig, die arm sind vor Gott.« Tritt hervor, zeig dich, hab keine Angst. Bring nur deine leeren Hände mit und deine Sehnsucht im Herzen, deine Traurigkeit und all deine enttäuschten Hoffnungen.

Die Starken werden das nicht verstehen. Sie werden weiterhin um den Aufstieg kämpfen, sich um die vorderen Plätze streiten und viel Kraft für den Leitsatz verwenden: »Hast du was, dann bist du was.« Wer jedoch anfängt, die alten Sätze über Bord zu werfen, wird wie Paulus überrascht entdecken, dass Gott das Schwache in der Welt erwählt hat und das Niedrige und das Verachtete.

Wir brauchen uns nicht länger antreiben lassen von unseren inneren Befehlen, die sagen: »Du musst gut dastehen!« »Verschaff dir Respekt!« »Zeig dich von deiner besten Seite!« Wir brauchen uns auch im Glauben nicht unter Druck setzen lassen, als müssten wir uns durch moralische Leistungen oder fromme Werke den Himmel verdienen. Und erst recht müssen wir uns nicht hineinhetzen lassen in die gesellschaftliche Jagd nach Ansehen, nach Besitz, nach Einfluss.

Der Weg Jesu ist ein anderer:

– keine Gewalt anwenden,

– nach Gerechtigkeit streben,

– barmherzig sein,

– ein reines Herz haben,

– Frieden stiften.

Das ist das neue Programm, das er den Programmen der Gesellschaft und der Religion entgegengestellt hat. Vielleicht werden wir es erst am Ende unseres Lebens begreifen, wenn wir mit leeren Händen vor ihn treten: »Selig, die arm sind vor Gott; ihnen gehört das Himmelreich.«

Stichworte   Normen, Leitbilder, Bergpredigt, Leistungsdenken, leere Hände
Bibelstellen   1 Kor 1,26–31; Mt 5,1–12a
Besondere Einsatzmöglichkeit   Lesejahr A, 4. Sonntag im Jahreskreis

Gebt dem Kaiser

Es ist eine Zwickmühle, die Matthäus beschreibt (Mt 22,15–21): Abgesandte zweier Gruppen kommen zu Jesus. Eigentlich sind sie verfeindet, aber jetzt haben sie sich verbündet, um Jesus eine Falle zu stellen. Die Pharisäer sind die Konservativen. Nach ihrer Auffassung darf man keine Steuern an den heidnischen Kaiser zahlen. Denn damit würde man ihn als Herrn des Landes anerkennen. Der Herr Israels ist aber allein Gott. Die Anhänger des Herodes sind die Liberalen. Sie haben sich mit der römischen Besatzungsmacht arrangiert. Ihrer Meinung nach muss man die Realität anerkennen und selbstverständlich Steuern zahlen.

Jesus sitzt also in der Falle: Was immer er antwortet, ist in den Augen einer der beiden Parteien falsch. Entweder werden die Pharisäer ihm vorwerfen: »Du verleugnest den Glauben an die alleinige Herrschaft Gottes« oder die Anhänger des Herodes werden sagen: »Du hältst dich nicht an die geltenden Gesetze.«

Jesus entlarvt die Fragesteller. Er lässt sich die Steuermünze zeigen. Indem die Pharisäer ihm einen Denar zeigen, verraten sie erstens, dass sie selbst solche Geldstücke besitzen, und zweitens müssen sie einräumen, dass die Münze das Bild des Kaisers trägt. Damit ist sie Eigentum des Kaisers und kann von ihm zu Recht als Steuer zurückgefordert werden. Der Satz Jesu ist zum weltberühmten geflügelten Wort geworden: »Gebt dem Kaiser, was dem Kaiser gehört, und Gott, was Gott gehört.«

Die Münze, der das Bildnis des Kaisers eingeprägt ist, gehört dem Kaiser. Gottes Bild aber ist dem Menschen eingeprägt. Er ist – so heißt es in der Geschichte von der Erschaffung der Welt – Gottes Ebenbild. Die Münze mit dem Kaiserbild gehört dem Kaiser, der Mensch als Gottes Ebenbild gehört Gott. Damit entgeht Jesus nicht nur der gestellten Falle, sondern verkündet gleichzeitig eine tiefe Wahrheit: Wir gehören Gott.

Gebt dem Kaiser, was dem Kaiser gehört! Könnte es sein, dass unser Leben hauptsächlich damit ausgefüllt ist? Den Realitäten Rechnung tragen, für den Lebensunterhalt sorgen, seinen Verpflichtungen nachkommen!

Leben in einer Schachtel

Ein bekannter Zeichentrickfilm von Bruno Bozetto aus dem Jahr 1967 lässt das Leben eines Menschen von der Geburt bis zum Tod im Zeitraffertempo von 7 Minuten ablaufen. Der Titel des Films ist treffend: »Leben in einer Schachtel«. Zwischen den »Schachteln« Wohnhaus und Kindergarten, Wohnhaus und Schule, Wohnhaus und Firma läuft ein Männchen hin und her. Dazwischen tauchen kurz die »Schachteln« Auto, Kino, Standesamt, Krankenhaus auf, bis das Leben in der letzten »Schachtel« endet, die vier Männer aus dem Haus tragen. Manchmal mag unser Leben so aussehen: eingemauert, festgelegt, ohne Überraschungen, farblos, von Pflichten und Sorgen rund um die Uhr gesteuert. Der Zeichentrickfilm ist in Schwarz-Weiß gedreht. Nur an einigen Stellen kommen farbige Sequenzen ins Spiel: bei Träumen, bei Erfahrungen von Liebe, in Momenten des Glücks. Manchmal blitzt es auf, dass es jenseits der Schachteln noch etwas anderes gibt. Manchmal leuchtet die

Farbe des wahren, erfüllten glücklichen Lebens in den schwarz-weißen Alltag hinein.

Ich deute das Wort Jesu in Mt 15,21 auch so: Dem Kaiser zu geben, was dem Kaiser gehört, das ist noch nicht alles. Vergesst nicht, Gott zu geben, was Gottes ist. Vergesst nicht, euer wahres Leben zu leben. Ihr gehört dem Himmel, nicht nur der Erde. Lasst nicht zu, dass sich alles um den Kaiser dreht. In euch ist Gottes Bild lebendig. Lasst es aufleuchten in eurem Leben.

Natürlich sind wir hineinverwoben in die Welt. Die Aufgabe, den Alltag zu bewältigen, soll auch nicht schlechtgeredet oder abgewertet werden. Mit den Sorgen und Problemen des täglichen Lebens fertigzuwerden, ist eine Herausforderung. Manchmal geht sie über unsere Kräfte. Wir müssen dem Kaiser geben, was des Kaisers ist. Aber das ist nur die halbe Wahrheit. Was das Männchen im Zeichentrickfilm für Momente über seine Schachtel hat hinausblicken lassen, war die Ahnung von einer anderen Dimension, die in unserem Leben aufleuchten kann. Die Sehnsucht danach sollten wir nicht verloren gehen lassen.

Johann Wolfgang von Goethe gibt einen kleinen Ratschlag dafür. Er schreibt: »Man sollte alle Tage wenigstens ein kleines Lied hören, ein gutes Gedicht lesen, ein treffliches Gemälde sehen und – wenn es möglich wäre – einige vernünftige Worte sprechen.«

Ich greife das auf und nenne drei Stichworte, die uns herausführen können aus dem Leben in einer Schachtel, das nur dem Kaiser gibt, was er verlangt:

1. Genieße die Schönheit! Das kleine Lied, das gute Gedicht, das treffliche Gemälde, von denen Goethe spricht, zeigen in diese Richtung. Genieße die Schönheit, gleich ob Sonnenuntergang, Musik oder ein Glas Wein. Schönheit berührt das Herz und weckt die Sehnsucht.

2. Geh den Dingen auf den Grund! Begnüge dich nicht mit der Oberfläche. Lass dich nicht abspeisen mit Nebensächlichem. Sei neugierig. Frage, suche, strebe nach Erkenntnis. Wahrheit öffnet den Blick und weckt die Sehnsucht.

3. Folge der Liebe! Sie ist die Farbe des Lebens. Lieben und geliebt werden – darin liegt das Glück. Liebe lässt dich leuchten und weckt die Sehnsucht.

Schönheit, Wahrheit und Liebe sind Spuren Gottes in unserer Welt. Wir sollten ihnen folgen. Sie führen uns heraus aus dem Leben in einer Schachtel.

Stichworte   Prioritäten, Lebensstil, Glück, Sehnsucht
Bibelstellen   Mt 22,15–21; Gen 1,26f
Besondere Einsatzmöglichkeiten   Lesejahr A, 29. Sonntag im Jahreskreis. Auch der Einsatz in der Bibelarbeit zum Evangelientext ist möglich. Hier könnte der erzählte Kurzfilm eventuell im Original gezeigt werden.

Lachen

Sechs Minuten am Tag, so haben Statistiker herausgefunden, verbringen wir mit Lachen. Vor 60 Jahren lachten die Menschen noch dreimal so viel. Sind wir dabei, unseren Humor zu verlieren? Die Comedy-Serien im Fernsehen haben sprunghaft zugenommen, und trotzdem scheinen wir das Lachen zu verlernen.

Dabei ist Lachen sogar gesund: Die Ausschüttung des Stresshormons Adrenalin wird gestoppt, der Körper entspannt sich, das Immunsystem wird aktiviert. Lachforschung ist zur ernst zu nehmenden Wissenschaft geworden. Es gibt Lachseminare und Humortherapeuten.

Mit einem Lächeln durchs Leben zu gehen, das ist eine Sache der Einstellung. Sich selbst nicht ganz so wichtig nehmen und Nachsicht haben mit den Schwächen der anderen – das sind die wichtigsten Zutaten. Gelassenheit und ein gütiges Herz zeichnen Menschen aus, deren Lachen einfach ansteckend ist.

In Umberto Ecos Roman »Der Name der Rose« spielt auch die Streitfrage eine Rolle, ob Jesus gelacht hat. Der erzkonservative blinde Mönch Jorge von Burgos hält allein die Vorstellung davon schon für eine Läste-

rung. In seinem verbissenen Kampf gegen das Lachen steckt er schließlich die Klosterbibliothek in Brand, um das einzige noch erhaltene Buch
des Aristoteles über die Komödie zu zerstören. Fanatiker haben keinen
Humor. Biblische Belege gibt es nicht. Aber ich bin mir sicher, dass Jesus
gelacht hat.

Stichworte Lachen, Humor

»Am größten aber ist die Liebe«
Szene 1

1963 veröffentlichte Johannes Mario Simmel den Roman »Liebe ist nur
ein Wort«. Er wurde mehrere Male verfilmt. Hauptfigur ist der Jurastu-
dent Oliver Mansfeld. Er stammt aus reichem Haus und führt ein aus-
schweifendes Leben. Als er mit der deutlich älteren Bankiersgattin Ve-
rena Lord eine Affäre beginnt, sind sich beide darüber einig, dass es
ihnen vor allem um den Spaß geht. Denn: »Liebe ist nur ein Wort.« Im
Verlauf des Romans zeigt sich, dass das nicht stimmt. Aus der Affäre
wird wirkliche Liebe, die am Ende tragisch endet. Liebe ist mehr als nur
ein Wort.

Szene 2

Das Musical Anatevka spielt im polnisch-jüdischen Milieu Anfang des
letzten Jahrhunderts. Der Milchmann Tevje und seine Frau Golde sind
dabei, drei ihrer Töchter zu verheiraten. Alle drei lehnen den alten
Brauch ab, dass die Eltern den Bräutigam aussuchen. Sie wollen ihrem
eigenen Herzen folgen. Im Nachsinnen darüber, wie sehr sich doch die
Welt verändert hat, kommt es zu folgendem Dialog zwischen Tevje und
seiner Frau Golde:
Tevje beginnt: »*Golde, ist es Liebe?*«
Golde: »*Ist es was?*«
Tevje: »*Ist es Liebe?*«

Golde: »*Bei fünf heiratsfähigen Töchtern fragt man doch nicht solchen Quatsch! Du bist krank! Geh ins Haus! Leg dich hin! Ruh dich aus! Mach schon, was ich dir sage!*«

Doch Tevje lässt nicht locker. Hartnäckig fragt er immer wieder nach: *Ist es Liebe?*

Golde antwortet: »*Seit 25 Jahren wasche ich, koche ich, putze ich, gab dir fünf Töchter, melk die Kuh – Nach 25 Jahren lass mich damit in Ruh!*«

Tevje ist noch nicht zufrieden. Er erinnert Golde, wie alles begonnen hatte. Ihre Eltern hatten die Hochzeit arrangiert. Und voller Schüchternheit trafen sie das erste Mal aufeinander.

Tevje: »*Unsere Mütter, unsere Väter sagten: Liebe kommt erst später! Sag, liebst du mich denn, Golde? Ist es Liebe?*«

Golde: »*Ach, sei jetzt still! Ich bin dein Weib.*«

Tevje: »*Oh nein, sag: Ist es Liebe?*«

Golde: »*Seit 25 Jahren leb ich mit ihm, lach mit ihm, wein mit ihm. Seit 25 Jahren ist sein Bett mein … Das muss ja Liebe sein!*«

Tevje: »*Oh Weib, du liebst mich!*«

Golde: »*Ich glaub, dass ich's tu.*«

Eine humorvolle und zugleich tiefsinnige Szene. Sie macht etwas deutlich, was typisch war für diese Zeit und dieses Milieu: Über Liebe redet man nicht, sie wird gelebt.

Szene 3

Das Märchen »Die Gänsehirtin am Brunnen« aus der Sammlung der Brüder Grimm erzählt von einem König, der drei Töchter hatte. Eines Tages wollte der König sein Testament machen. Die Tochter sollte das Beste bekommen, die ihn am liebsten hatte. Jede sagte, sie hätte ihn am liebsten. »Könnt ihr mir's nicht ausdrücken«, erwiderte der König, »wie lieb ihr mich habt? Daran werde ich sehen, wie ihr's meint.« Die Älteste sprach: »Ich habe den Vater so lieb wie den süßesten Zucker.« Die Zweite: »Ich habe den Vater so lieb wie mein schönstes Kleid.« Die Jüngste aber schwieg. Da fragte der Vater: »Und du, mein liebes Kind, wie lieb hast du mich?« – »Ich weiß es nicht«, antwortete sie, »und kann meine Liebe mit nichts vergleichen.« Aber der Vater bestand darauf, sie müsse etwas nennen. Da sagte sie endlich: »Die beste Speise schmeckt mir nicht ohne Salz, darum habe ich den Vater so lieb wie Salz.« Der Vater war sehr verärgert über diese Antwort und voll Zorn jagte er seine Tochter davon. Das Märchen erzählt, welche Abenteuer sie erlebte, bis es zum Happy End mit ihrem Vater kam.

Was ist Liebe? Wie kann man sie ausdrücken? – Jesus hat auf diese Frage eine Antwort, die auf sein eigenes Schicksal verweist: »Es gibt keine größere Liebe, als wenn einer sein Leben für seine Freunde hingibt.« (Joh 15,13) Das muss kein heldenhafter Märtyrertod sein. Man kann sein Leben auch hingeben im selbstlosen Dienst wie Golde im Musical Anatevka.

Es gibt keine Religion der Welt, in der so radikal die Liebe zum Mittelpunkt und Kern des Glaubens erklärt wird wie im Christentum. Liebe ist nicht nur ein Wort. Liebe zeigt sich in der Liebe. Nur Liebe kann Liebe begreifen. Unsere Glaubwürdigkeit als Christen, als Kirche hängt davon ab, wie wir die Liebe leben. »Daran werden alle erkennen, dass ihr meine Jünger seid, wenn ihr einander liebt.« Wir brauchen dazu den Beistand, den uns Jesus versprochen hat: den Geist der Wahrheit und der Liebe. In ihm berührt uns Gott, von dem die Bibel sagt: Er ist die Liebe. Wer in seinem Leben der Liebe begegnet ist, der ist Gott begegnet.

Stichwort Liebe
Bibelstellen Joh 14,15–21; 15,9–17
Besondere Einsatzmöglichkeiten Hochzeit, Ehejubiläum, Lesejahr A, 6. Sonntag der Osterzeit

Merk-würdig

Eine Frau, die ich kenne, hat erzählt: Als ihre Mutter starb, ist ihr Bild, das an der Wand hing, heruntergefallen. Von einer anderen Bekannten weiß ich: Als ihr Sohn bei einem Unfall ums Leben kam, ist daheim die Uhr stehen geblieben. Beides ereignete sich jeweils genau zum Zeitpunkt des Todes.

Solche Geschichten haben Sie sicher auch schon gehört oder sogar erlebt. Sie belegen meiner Meinung nach, dass wir noch längst nicht alle Kräfte und Zusammenhänge durchschauen, die in der Welt wirken. »Es gibt mehr Dinge zwischen Himmel und Erde, als unsere Schulweisheit sich träumen lässt« – so lautet ein berühmtes Zitat aus Shakespeares »Hamlet«.

Es gibt Auffassungen, die die Ansicht vertreten: Wir können durch unsere Gedanken die Welt verändern. Joseph Murphy und andere haben Bücher geschrieben über die Kraft des positiven Denkens. Sie versprechen: Wenn du positiv denkst, dann wirst du erfolgreich, dann wirst du glücklich, dann wirst du gesund.

Wenn man alle Übertreibungen abzieht, bleibt vielleicht doch ein wahrer Kern übrig. Was wir denken, hat Einfluss. »Der Glaube kann Berge versetzen«, heißt es in der Bibel. Die Veränderung der Welt beginnt in unserem Kopf und in unserem Herzen.

Stichworte   Kraft der Gedanken, Glaube
Bibelstelle   Mt 17,19–21

Es liegt auch an uns

Urlaub im Ausland. Wie geht es einem da als Deutschem? Man freut sich vielleicht, wenn man Landsleute trifft, und es entsteht eine Art Zusammengehörigkeitsgefühl unter all den Fremden. Vielleicht haben Sie sich auch schon mal geschämt, wie andere Deutsche sich im Speisesaal oder am Pool oder in der Bar aufgeführt haben. Vielleicht sind Sie auch mit

Einheimischen ins Gespräch gekommen und haben gespürt, wie positiv oder wie negativ sie über »die Deutschen« denken.

Es ist merkwürdig: So eigenständig und individuell wir sind und leben, manchmal haftet uns eine Art Gruppenzugehörigkeit an, die wir nicht abschütteln können.

Auch als Mitglieder der Kirche sind wir Teil einer Gemeinschaft und bekommen deren Licht und Schatten zu spüren. Wir schämen uns für unsere Kirche, wenn wieder von Missbrauchsskandalen oder Prunksucht berichtet wird, und sind stolz, wenn Papst Franziskus wieder einmal die Welt mit einer Geste der Menschlichkeit überrascht.

Die Ausstrahlung der Kirche und damit die Leuchtkraft des Evangeliums hängt auch von uns ab. Wie wir leben, daran erkennen die Menschen, was wir glauben.

»Ihr seid auch nicht besser als die anderen« – ist ein oft gehörter Vorwurf. Glaubwürdigkeit als Christen gewinnen wir nur durch unser Leben. Dabei hängen wir wechselseitig voneinander ab. Wenn einer das Bild der Gemeinschaft trübt, zahlen alle die Zeche mit.

Die Kirche hat deshalb von ihren Ursprüngen an betont, dass Schuld und Sünde nicht einfach Privatsache sind. Sie beschädigen die Glaubwürdigkeit des Gottesvolkes, verdunkeln das Licht des Evangeliums.

Deshalb stellen wir uns immer wieder gemeinsam unter das Erbarmen Gottes, bekennen, wo wir zu wenig als Christen gelebt und gehandelt haben, und bitten um Versöhnung und Heilung. Fehler passieren. Sich ihnen zu stellen, ist ein Zeichen von Größe.

Stichworte Sippenhaft, Glaubwürdigkeit, Kirche, Schuld, Versöhnung
Besondere Einsatzmöglichkeiten Bußakt, Bußandacht

Sportfest

Caroline hat erst mit 40 Jahren den Sport entdeckt. Seitdem ist sie Mitglied in einer Gymnastikgruppe und hat sich angewöhnt, dreimal in der

Woche zu joggen. Den Körper spüren, in Bewegung kommen, die eigene Kraft und die eigenen Grenzen wahrnehmen, das tut ihr gut.

Manchmal ist unser Leben festgefahren, sind wir erstarrt, sind unsere Gefühle eingerostet, unsere Träume blockiert. Dann ist es wichtig, dass unser Herz nicht hart bleibt, dass wir wieder mit uns selbst in Berührung kommen: mit unserer Hoffnung und mit unserem Schmerz.

Der Glaube sagt uns: Wo du ganz bei dir bist, wo du wirklich du selber bist, wo du in Berührung bist mit deiner Mitte, deinem Grund, da begegnest du Gott. Denn er ist das Innerste deines Inneren. Er ist dein Atem, deine Quelle, dein Sein.

Alexander spielt in der Tischtennis-Mannschaft mit. Wenn freitags die Verbandsspiele sind, ist er schon am Nachmittag nervös. Manchmal läuft das Spiel nicht so gut und er macht unnötige Fehler. Dann regt er sich furchtbar auf und schimpft mit sich selbst. Neulich hat er den Schläger vor Wut in die Ecke geworfen, dass der Griff abbrach.

Gewinnen und verlieren – ein wichtiges Thema im Sport und im Leben. Schwächen akzeptieren, verlieren können, auch bei Enttäuschungen nicht alles hinschmeißen, nach einer Niederlage wieder aufstehen. Siege sind vergänglich. Ob ich gewinne oder verliere: Ich bin, wer ich bin.

Der Glaube sagt uns: Du musst nicht krampfhaft nach dem Sieg hecheln. Bleib gelassen! Du bist angenommen und geliebt auch ohne einen Platz auf dem Treppchen. Du kannst gar nicht verlieren. Denn einer hat längst für dich gewonnen.

Oliver ist in der 2. Klasse. Weil er gerne Fußball spielt, hat ihn sein Vater im Verein angemeldet. Im Training lernt Oliver nicht nur, wie man Bälle stoppt, wie man Flanken schlägt und aufs Tor schießt. Er lernt auch, auf seine Mitspieler zu achten, zu kombinieren, anderen eine Vorlage zu geben, zu Hilfe zu eilen, wenn ein Mannschaftskamerad den Ball verloren hat.

Jahre später wird Oliver begreifen, dass es im Leben genauso ist: Ich bin nicht allein. Es gibt Menschen neben mir, die mich brauchen, und Menschen, auf deren Hilfe ich selbst angewiesen bin. Ich bin hineingewoben in ein Netz von Beziehungen. Vertrauen schenken und selbst Vertrauen finden, Verantwortung übernehmen, sich füreinander einsetzen, gemeinsam einen Weg gehen – das macht das Leben aus.

Der Glaube sagt uns: Alle Menschen sind miteinander verbunden. Alle haben denselben Ursprung, sterben denselben Tod. Sie alle träumen den gleichen Traum von Liebe und Glück. Brüder sind wir und Schwestern: Kinder des einen Vaters. Zur einen großen Mannschaft gehören wir alle.

Stichworte Sport, Körper, Gewinnen und Verlieren, Rücksicht, Mannschaft, Gemeinschaft
Besondere Einsatzmöglichkeiten Sportveranstaltungen, Einweihung von Sportstätten, Jubiläen von Sportvereinen …

Was zählt

Was sagen wir, wenn unsere Kinder uns fragen: Worauf kommt es an im Leben? Spontane Antworten nennen vielleicht »Gesundheit« oder »Zufriedenheit«. Aber die Frage ist gar nicht so einfach: Worauf kommt es an im Leben? »Dass du deinen Weg findest«, würden wir vielleicht antworten. »Dass du täglich in den Spiegel schauen kannst, ohne rot zu werden«. »Dass du glücklich wirst.« So oder so ähnlich stelle ich mir die Antworten vor.

Auch unser Glaube kennt eine Antwort: Es kommt vor allem darauf an, der Liebe zu folgen, diesem Urwunder des Lebens, das Gott selber ist. Die Bibel sagt: Gott ist die Liebe. Ihm Raum zu geben in unserem Leben, und damit der Liebe Raum zu geben, dazu sind wir da.

Jesus sagt an seinem Abschiedsabend: »Ein neues Gebot gebe ich euch: Liebt einander! Wie ich euch geliebt habe, so sollt auch ihr einander lieben. Daran werden alle erkennen, dass ihr meine Jünger seid: wenn ihr einander liebt.«

Wenn wir am Ende der Zeiten vor Gott stehen, so schildert es Matthäus in der berühmten Gerichtsszene, wird er nicht nach unserem Glauben fragen, nicht nach unserem Gottesdienstbesuch, nicht nach unserer moralisch weißen Weste, sondern nach den Taten der Liebe, die wir getan oder nicht getan haben: »Was ihr für einen meiner geringsten Brüder getan habt, das habt ihr mir getan.« (Mt 25,40)

Darin zeigt sich, worin nach Jesu eigenen Worten unser christliches Profil besteht, worauf es ankommt im Leben. Die tiefste Berufung, die wir haben, ist es: der Liebe zu folgen und ihr Gestalt zu geben in unserem Leben. Allein dazu ist auch die Kirche da. Sie ist ein sichtbares Zeichen, sagt das Konzil, ein Werkzeug, »das das Geheimnis der Liebe Gottes zu den Menschen zugleich offenbart und verwirklicht.« (GS 45)

Stichworte   Lebensziel, Berufung, Liebe
Bibelstellen   Mt 25,31–46; Joh 13,34f

Auf den Esel hören

Wovon hängen am meisten Freude oder Kummer in unserem Leben ab? Was macht uns glücklich oder unglücklich, hebt unsere Stimmung oder verdirbt sie? Es ist nicht das Geld. Es ist nicht der Lebensstandard, auch nicht die Gesundheit. Glück und Unglück hängen in erster Linie ab von unseren Begegnungen, von gelungenen oder auch gestörten Beziehungen. Niederdrückend sind vor allem misslungene Begegnungen, Beziehungen zu »schwierigen« Menschen. Ein Weisheitslehrer des Buddhismus gibt dafür folgenden Rat: »Rechne damit, dass Buddha selbst in unerkannter Gestalt unterwegs ist, um dich zu erleuchten. In jedem Menschen könnte er dir begegnen. Betrachte deshalb jeden, als sei er oder sie der verborgene Buddha, der eine Botschaft für dich ganz persönlich hat. All deine Begegnungen werden sich dadurch ändern.«

An diesen buddhistischen Ratschlag erinnert mich eine merkwürdige Geschichte aus der Bibel: Als das Volk Israel durch die Wüste zog, um in das Gelobte Land zu kommen, schlug es im Gebiet von Moab sein Lager auf. Balak, der König von Moab, bekam es mit der Angst und schickte Boten zu dem heidnischen Propheten Bileam, er solle kommen und das feindliche Volk verfluchen. Bileam machte sich auf den Weg und ritt auf seiner Eselin nach Moab. Gott wollte aber die Verfluchung verhindern und so kam es zu folgender Szene:

Der Engel des Herrn stellte sich Bileam und seinen zwei Begleitern mit gezücktem Schwert in den Weg. Die Eselin erblickte ihn und wich ins Feld aus.

Da schlug Bileam sie, um sie auf den Weg zurückzubringen. Ein zweites Mal stellte sich ihm der Engel in einem Hohlweg entgegen. Als die Eselin ihn sah, wich sie aus und drückte dabei das Bein Bileams gegen die Mauer. Da schlug Bileam sie wieder. Ein drittes Mal stellte sich ihm der Engel in den Weg, diesmal an einer besonders engen Stelle, wo es weder rechts noch links eine Möglichkeit gab auszuweichen. Als die Eselin den Engel des Herrn sah, ging sie unter Bileam in die Knie. Bileam aber wurde wütend und schlug sie mit dem Stock.

»Da öffnete der HERR der Eselin den Mund und die Eselin sagte zu Bileam: Was habe ich dir getan, dass du mich jetzt schon zum dritten Mal schlägst? Bileam erwiderte der Eselin: Weil du mich verhöhnst. Hätte ich ein Schwert dabei, dann hätte ich dich jetzt schon umgebracht.

Die Eselin antwortete Bileam: Bin ich nicht deine Eselin, auf der du seit eh und je bis heute geritten bist? War es etwa je meine Gewohnheit, mich so zu benehmen? Da sagte er: Nein.

Nun öffnete der HERR dem Bileam die Augen und er sah den Engel des HERRN auf dem Weg stehen, mit dem gezückten Schwert in der Hand. Da verneigte sich Bileam und warf sich auf sein Gesicht nieder.

Der Engel des HERRN sagte zu ihm: Warum hast du deine Eselin dreimal geschlagen? Siehe, ich bin dir als Widersacher in den Weg getreten, weil der Weg in meinen Augen abschüssig ist. Die Eselin hat mich gesehen und ist mir schon dreimal ausgewichen. Wäre sie mir nicht ausgewichen, dann hätte ich dich jetzt schon umgebracht, sie aber am Leben gelassen. Bileam antwortete dem Engel des HERRN: Ich habe gesündigt, weil ich nicht erkannt habe, dass du dich mir in den Weg gestellt hast ...« (Num 22,28– 34)

Die Geschichte endet damit, dass Bileam die Israeliten segnet, statt sie zu verfluchen. Der Esel hat einen entscheidenden Beitrag dazu geleistet, so erzählt es diese märchenhafte Szene.

Wenn ich diese bildhafte Erzählung übersetze, dann sagt sie mir: Manchmal kann uns ein Esel die Augen öffnen. Während wir ihn schlagen und unbeirrt unseren Weg gehen wollen, hat er etwas gesehen, das unseren Augen bisher verborgen war. Vielleicht braucht es manchmal den Widerstand eines Esels, damit unser Blick sich öffnet.

Wer oder was dieser Esel sein kann, der uns den Weg zeigt, muss hier offenbleiben. In jeder Begegnung könnte ein unerkannter Buddha verborgen sein und selbst durch Esel kann Gott uns seinen Willen zeigen.

Stichworte   Beziehungen, schwierige Menschen, Erleuchtung, Perspektivenwechsel

Bibelstelle   Num 22,22–35

Aufbruch

75 Jahre war Abram alt, so erzählt die Bibel, als der Ruf Gottes ihn traf: »Geh fort aus deinem Land, aus deiner Verwandtschaft und aus deinem Vaterhaus in das Land, das ich dir zeigen werde.« (Gen 12,1) Und Abram brach auf in eine ungewisse Zukunft, angetrieben von einem geheimnisvollen Ruf. Was ihm vertraut war, lässt er zurück, lässt er los, wagt sich auf den Weg, mit unbekanntem Ziel, aber mit einer Verheißung im Herzen.

Wer ist Abraham? Ist er eine Person der Geschichte? Ein Sinnbild für Israel? Ein Symbol für alle, die den Weg des Glaubens wagen?

Vielleicht bin ich selbst gemeint. Vielleicht begegne ich in Abraham meinem eigenen Schicksal. Der Ruf zum Aufbruch in ein unbekanntes Land, die Verheißung des Segens, die Herausforderung zum Vertrauen – vielleicht gelten sie mir. Wenn Abraham eine Symbolgestalt ist, wenn sich in ihm jahrhundertelange Glaubenserfahrungen personalisieren und verdichten, dann ist seine Geschichte auch meine Geschichte. Auch mich ruft Gott. Auch mich führt er auf einen Weg. Auch ich soll ein Segen sein.

Das ist ja das aufregend Geheimnisvolle der Bibel: Nie geht es nur um die Vergangenheit, nie geht es nur um Menschen und Ereignisse von damals. Immer geht es auch um mich, immer geht es auch um heute. Die Bibel enthält das Wort Gottes für mich, für mein Leben. Im Spiegel des Abraham entdecke ich mich selbst.

Welchen Ruf höre ich? Was will ich hinter mir lassen? Wohin will ich aufbrechen? Welcher Verheißung folge ich?

Fast 25 Jahre nach der oben beschriebenen Szene, als Abram 99 Jahre alt ist, hört er erneut Gottes Ruf: »Geh deinen Weg vor mir und sei ganz!« (Gen 17,1) »Sei ganz!« – so übersetzt es Martin Buber. Er lotet damit die Tiefe des göttlichen Rufes viel treffender aus als die Einheitsübersetzung der Bibel, die formuliert: »Geh deinen Weg vor mir und sei untadelig«. Gott ruft Abram, ruft mich auf einen Weg, der mich zur Ganzheit führt. In der Tiefenpsychologie von Carl Gustav Jung ist das ein Schlüsselwort. Ganz-Werdung, Selbst-Werdung als Lebensaufgabe. »Individuation« nennt sie Jung. Körper und Geist, Verstand und Gefühl, Vernunft und Intuition, analysierendes Denken und kreatives Gestalten, Kopf und Bauch finden zur Einheit. Ganz-Werden, das bedeutet auch: Ich nehme alles an, was zu mir gehört, auch meine Schattenseiten, auch meine Vergangenheit, meine ungelebten Möglichkeiten und verpassten Chancen. Nichts wird abgespalten, nichts verdrängt, nichts ausgeklammert.

»Sei ganz!« – das meint auch: »Werde du selbst.« Dass Gott Abram auf diesen Weg der Selbst- und Ganz-Werdung schickt, dass dies sein Auftrag ist, zeigt uns, worin auch unsere tiefste Be-rufung besteht: Gott ruft uns zu uns selbst. In das unbekannte Land unserer Seele sollen wir aufbrechen, um »ganz« zu werden. Und es gilt die Verheißung, dass darin unsere Bestimmung liegt, dass dies das Ziel unseres Weges ist. Wenn wir ganz bei uns sind, sind wir ganz bei Gott, gehen ein in seinen Segen.

Stichworte   Abraham, Selbstwerdung, Aufbruch, Berufung, Ganzheit
Bibelstellen   Gen 12,1–5; 17,1

Blindenheilung

scheuklappen
sind uns gewachsen
tunnelblick
verengt die sicht
manchmal
trüben tränen
die augen

bilder
gespeichert
in unseren köpfen
überraschungssicher
einprogrammiert:
so ist die welt

bis er uns ruft
uns berührt
an den augen
am herz
und frei wird der atem
und weit der blick

herr
lass uns sehen
und gehen
den weg

Stichworte   Blindheit, Scheuklappen, Blickerweiterung
Bibelstelle   Mk 10,46–52
Besondere Einsatzmöglichkeiten   Abschluss nach einer Bibelarbeit zur Blin-
denheilungsgeschichte; Geistliches Wort am Beginn einer Besprechung

Wer bist du?

Die Polizei sagt: Er ist ein unbescholtener Bürger. Keine Vorstrafen, keine Punkte in Flensburg. Nie mit dem Gesetz in Konflikt geraten.

Der Hausarzt sagt: Blutdruck und Cholesterin etwas zu hoch, leichter Bauchansatz und beginnende Krampfadern. Belastungs-EKG mit alters-typischen Werten, Rückenmuskeln etwas unterentwickelt. Mehr Bewe-gung wird empfohlen.

Der Chef sagt: Sehr zuverlässiger Mitarbeiter! Gab nie Klagen. Fachlich einwandfrei! Mit den Kollegen kommt er gut aus. Bleibt auch mal länger da, wenn es sein muss: ohne Überstundengedöns und Zulagen.

Die Ehefrau sagt: Er gibt unserer Familie Halt. Fels in der Brandung! Kümmert sich, wenn mit den Kindern was ist. Ein guter Ehemann! Kein böses Wort in all den Jahren! Trinkt nicht, raucht nicht, keine Frauenge-schichten. Im Garten macht er alles. Er ist gern daheim, liebt die Gemüt-lichkeit.

Der Psychologe sagt: Keine besonderen Auffälligkeiten! Psychisch sta-bil. Nicht übermäßig kommunikativ. Tut sich schwer, über Gefühle zu sprechen. Hat eine ausgeglichene Art. Keine großen Stimmungsschwankungen. Mehr sachbezogen als emotional. Orientiert sich an Fakten, geht nicht nach dem Bauchgefühl.

Der Pfarrer sagt: Gott hat ihn beim Namen gerufen, hat ihm seinen Atem eingehaucht. Hat ihn eingeschrieben in seine Hände, ihm zugesagt: »Du gehörst mir. Ich vergesse dich nicht.« Zu Gottes Volk gehört er, ist getauft auf Jesu Namen und eingeladen, seinen Spuren zu folgen.

Stichworte Identität, Rollen
Bibelstellen Jes 43,1; 49,15f

Wem dienst du?

Mein Vater war über 40 Jahre lang bei der Kreissparkasse beschäftigt. Schon als Kindern hat er uns beigebracht, dass es wichtig ist, zu sparen. »Spare in der Zeit, dann hast du in der Not«, pflegte er zu sagen. Das hat mich mein Leben lang geprägt. Ich habe ein Sparbuch, eine Lebensversicherung, einen Bausparvertrag und neuerdings beziehe ich eine Rente.

Damit bin ich wahrscheinlich ein typischer Deutscher. Es zeugt von Verantwortung, nicht in den Tag hinein zu leben, an die Zukunft zu denken und für Notfälle etwas auf die hohe Kante zu legen. Wir wissen nicht, was im Alter auf uns zukommt – Pflegeheime sind teuer. Wir sorgen für unsere Kinder und Enkel und wollen uns absichern für schlechte Zeiten. Wer wollte das kritisieren?

In seiner Bergpredigt konfrontiert uns Jesus mit einer überraschend anderen Sicht.

»Niemand kann zwei Herren dienen; er wird entweder den einen hassen und den andern lieben oder er wird zu dem einen halten und den andern verachten. Ihr könnt nicht Gott dienen und dem Mammon.

Deswegen sage ich euch: Sorgt euch nicht um euer Leben, was ihr essen oder trinken sollt, noch um euren Leib, was ihr anziehen sollt! Ist nicht das Leben mehr als die Nahrung und der Leib mehr als die Kleidung?

Seht euch die Vögel des Himmels an: Sie säen nicht, sie ernten nicht und sammeln keine Vorräte in Scheunen; euer himmlischer Vater ernährt sie. Seid ihr nicht viel mehr wert als sie?

Wer von euch kann mit all seiner Sorge sein Leben auch nur um eine kleine Spanne verlängern?

Und was sorgt ihr euch um eure Kleidung? Lernt von den Lilien des Feldes, wie sie wachsen: Sie arbeiten nicht und spinnen nicht.

Doch ich sage euch: Selbst Salomo war in all seiner Pracht nicht gekleidet wie eine von ihnen.

Wenn aber Gott schon das Gras so kleidet, das heute auf dem Feld steht und morgen in den Ofen geworfen wird, wie viel mehr dann euch, ihr Kleingläubigen!

Macht euch also keine Sorgen und fragt nicht: Was sollen wir essen? Was sollen wir trinken? Was sollen wir anziehen?

Denn nach all dem streben die Heiden. Euer himmlischer Vater weiß, dass ihr das alles braucht.

Sucht aber zuerst sein Reich und seine Gerechtigkeit; dann wird euch alles andere dazugegeben.« (Mt 6,24–33)

Als deutscher Sparer habe ich sofort den Impuls, mich gegen diese Sicht zu wehren: Sollen wir wirklich so sorglos sein? Ist das nicht verantwortungslose Naturromantik, die letztlich dazu führt, dass wir dem Staat auf der Tasche liegen?

Als Theologe weiß ich, dass Jesus mit diesen Worten kein sozialpolitisches Programm verkünden will. Es geht ihm um eine innere Haltung, um eine Lebensausrichtung, um eine Grundentscheidung. »Ihr könnt nicht beiden dienen, Gott und dem Mammon.« Wem wollt ihr euer Herz geben? Diese Lebensausrichtung betrifft auch die Frage, wo wir uns festmachen, wo wir uns verankern und Halt suchen, wem wir vertrauen.

Jesus wirbt geradezu dafür, dass wir dieses Vertrauen auf Gott setzen. Hat er nicht unser Leben in der Hand? Ernährt er nicht die Vögel und lässt er nicht die Lilien wachsen und blühen? Ist er nicht der Schöpfer, der die Menschen mehr liebt als alles andere? Wenn ihr ihm nicht vertraut, sagt Jesus, wenn ihr euch von euren Sorgen auffressen lasst, dann seid ihr Kleingläubige. Dann habt ihr euch nicht wirklich in ihm verankert, habt ihm nicht wirklich euer Herz gegeben.

Wenn ihr euch von den Heiden unterscheidet, wenn ihr wirklich Gläubige sein wollt, dann müsst ihr die Schwerpunkte anders setzen: »Euch muss es zuerst um Gott, um sein Reich und seine Gerechtigkeit gehen: dann wird euch alles andere dazugegeben«, dann ist alles andere zweitrangig.

Als Jesus diese Worte vom Berg aus den Menschen zurief, war er selbst davon überzeugt, dass der Anbruch des Gottesreiches, der Gottesherrschaft unmittelbar bevorstand. Wenn Gott schon im Kommen ist, dann muss alles andere zurückstehen. Dann sind die Sorgen um Essen und Trinken nicht mehr wichtig. Dann geht es um Größeres. Dann kommt alles darauf an, diesem Gott entgegenzugehen und sich seinem Kommen zu öffnen.

50 Jahre nach Jesu Tod, als das Matthäusevangelium aufgeschrieben wurde, war den Christen klar, dass sich die Naherwartung Jesu so nicht erfüllt hatte. Die Gottesherrschaft war anders gekommen, als Jesus gedacht hatte, nämlich in seinem Tod und in seiner Auferstehung. In ihm, in Jesus war Gott den Menschen nahe gekommen.

In den Ohren von uns deutschen Sparern, die auf 2000 Jahre Kirchengeschichte zurückblicken, klingen die Worte des Evangeliums anders als in den Ohren der Zeitgenossen Jesu. Ich höre sie vor allem als Aufruf zum Glauben: Wem dienst du? Woran machst du dein Leben fest? Worum sorgst du dich vor allem? Wem vertraust du? Wem folgst du? Wem gibst du dein Herz?

Wenn ich diesem Aufruf zum Glauben folge, kann ich manche Schwerpunkte im Leben anders setzen, und vielleicht merkt man mir dann eine neue Leichtigkeit an, die ein wenig erinnert an die Vögel des Himmels und die Lilien auf dem Feld.

Stichworte Gottvertrauen, Verantwortung, Sorge, Glaube
Bibelstelle Mt 6,24–34
Besondere Einsatzmöglichkeit Lesejahr A, 8. Sonntag im Jahreskreis

Narben sind keine Schönheitsfehler

»Vorsicht, heiß!« Kaum war die Warnung ausgesprochen, hatte die Vierjährige die Herdplatte schon berührt. Brandblasen sind ein schmerzhafter Lehrmeister. »Ein gebranntes Kind scheut das Feuer«, sagen wir. Die gut gemeinten Mahnungen helfen oft nicht. Erst wer selbst die Erfahrung gemacht hat, lernt, wovon man besser die Finger lässt. Solche Erfahrungen können wir uns und anderen nicht ersparen. Die Brandwunden tragen wir ein Leben lang mit uns herum. Sie gehören zum Erfahrungsschatz unseres Lebens. Das geht nicht ohne Schmerzen ab. Menschliche Reife erwirbt man nicht im Schnellverfahren. Lebensweisheit gibt es nicht als Fertigpackung. Manchmal brauchen wir Umwege und Irrwege, um ans Ziel zu gelangen. Und manchmal tut es weh, bis wir etwas begreifen.

Ich finde es tröstlich, dass auch unsere Fehler und unser Versagen uns weiterbringen können. Das gilt für uns und für unsere Kinder und Enkel. Auch sie müssen ihre eigenen Erfahrungen machen. Schmerzen, Irrtum und Schuld bleiben niemandem erspart. Wir sollten uns davon nicht lähmen lassen, sondern daraus lernen.

Eine Anekdote erzählt, ein amerikanischer Manager habe durch eine Fehlentscheidung eine Million Dollar in den Sand gesetzt. Daraufhin ging er zu seinem Chef und sagte: »Sie können mich feuern.« Der aber antwortete: »Sind Sie verrückt? Unsere Firma hat gerade eine Million Dollar in Ihre Ausbildung investiert!«

Unser Leben geht nicht spurlos an uns vorüber. Die Narben, die wir tragen, erzählen von gewonnenen oder verlorenen Schlachten. Wir dürfen stolz auf sie sein, auch wenn sie manchmal noch weh tun.

Zuzuschauen, wie unsere Kinder und Enkel sich eine blutige Nase holen, weil sie nicht auf uns gehört haben, schmerzt. Aber sie müssen durch ihre eigenen Wunden lernen, was wir bereits zu wissen glauben. Einmal werden auch ihre Wunden vernarbt sein – Zeichen von Lebenserfahrung, vielleicht sogar von Lebensweisheit. Wie bei uns.

Stichworte   Lernen, Erfahrungen, Fehler, Weisheit

Ausgang und Eingang

Anfang und Schluss einer Rede sind besonders wichtig, haben wir einst in der Rhetorik gelernt. In der Predigtausbildung mussten wir deshalb Anfang und Schluss wörtlich ausformulieren. »Wer den Anfang hat, hat mehr als die Hälfte«, wusste schon Aristoteles. Und Goethe schrieb: »Wer das erste Knopfloch verfehlt, kommt mit dem Zuknöpfen nicht zurande.«

Der Schluss ist wichtig, weil der letzte Eindruck oft besonders prägend ist. Der Schlussakkord hallt nach. Mit ihm klingt all das aus, was vorher gewesen ist.

Ich übertrage diese rhetorische Weisheit auf den Tagesablauf: Wie beginnt mein Tag und wie endet er? Viele haben ihr festes Ritual, wenn der Wecker klingelt. Manchmal beginnt jetzt schon der Stress. Von Anfang an Zeitdruck. Die Tasse Kaffee im Stehen, der Wettlauf zum Bus. Geschafft – in doppeltem Sinn. Anders vielleicht am Wochenende: Länger schlafen, dann Frühstücksbrötchen und Zeitung. Was macht der Start in den Tag mit uns? Die christliche Tradition kennt das Morgengebet: Lob Gottes zum Sonnenaufgang. Die erste Aufmerksamkeit des Tages gilt dem, der alles geschaffen hat. Die Verbindung mit ihm soll wie ein roter Faden durch den Tag führen.

Am Abend ist dann das Ende des Tages zu gestalten. Hausarbeit bis zum Anschlag? Der Spätkrimi und dann noch die letzte Nachrichtensendung? Eine Arbeit abbrechen und unvollendet liegen lassen, weil endgültig Schlafenszeit ist? Die Gesundheitsexperten geben Ratschläge, was einem guten Schlaf bekommt. Die Kirche pflegt den Brauch des Abend- und Nachtgebets. Der Tag, aus Gottes Hand empfangen, wird in seine Hand zurückgelegt. Noch einmal darf ich vor seinen Augen betrachten, was heute war, es anschauen mit liebender Aufmerksamkeit. Dankbar blicke ich auf das, was gelungen ist und worüber ich mich gefreut habe am heutigen Tag. Den Ärger, den Misserfolg, den Kummer, all das, was heute schiefgelaufen ist, lasse ich los. Ich vertraue es der heilenden Hand dessen an, der meinen Namen kennt und mich in seine Hände geschrieben hat.

»Ausgang und Eingang, Anfang und Ende liegen bei Dir, Herr, füll Du uns die Hände«, singen wir in einem Lied.

Es tut gut, nicht einfach in den Tag zu stolpern und am Abend nicht mit allem unsortierten Müll des Tages ins Bett zu fallen. Es gibt den roten Faden. Ihn sollten wir suchen. Jeden Tag neu.

Stichworte Lebensrhythmus, Tagesbeginn, Tagesabschluss, Schlaf, Anfang und Ende

Pflücke den Tag

Im Lateinunterricht damals mussten wir sie lesen: die Fabel des römischen Dichters Äsop mit dem Titel: »Cicada et formica« – »Die Grille und die Ameise«. Die Ameise, so wird dort erzählt, sammelte den ganzen Sommer über fleißig Vorräte für den Winter. Unermüdlich schleppte sie Körner und Halme in ihren Bau. Die Grille dagegen machte sich ein vergnügtes Leben, musizierte und tanzte den ganzen Tag und machte sich sogar noch lustig über die dumme Ameise. Partystimmung und Dauerfete hier, Pflichtbewusstsein und Arbeitsstress dort.

Es kam, wie es kommen musste: Der Sommer ging zu Ende und der Winter brach an. Ein böses Erwachen für die Grille: keine Vorräte, nichts zu essen, quälender Hunger. Jetzt hatte die Ameise Oberwasser. Sie zehrte von dem, was sie gesammelt hatte, und als die Grille kläglich um Futter bettelte, da zeigte sie ihr die kalte Schulter: selber schuld! Hättest du vorgesorgt!

Die »Moral von der Geschicht'« ist klar: Spare in der Zeit, dann hast du in der Not. Weitblick ist gefordert. Sorge vor für die Zukunft! Auf diese Ameisentugend hat man in Deutschland immer Wert gelegt. Nur so war nach dem Krieg das Wirtschaftswunder möglich.

Ganz anders ein Bilderbuch aus unserer Zeit, das von der Maus Frederick erzählt: Während die anderen Mäuse im Sommer Nahrungsvorräte sammeln für den Winter, liegt Frederick in der Sonne, genießt die Natur und pflegt Kontakte. Auf die vorwurfsvollen Fragen der anderen Mäuse antwortet Frederick: »Ich sammle auch etwas. Ich sammle Farben, Wörter und Sonnenstrahlen; denn der Winter wird grau und kalt.« Im Winterquartier der Mäuse gibt es genug zu essen, doch trotzdem breitet sich Niedergeschlagenheit aus. Zu dunkel, zu eintönig, zu kalt ist das Leben. Da teilt Frederick von seinen gesammelten Wörtern mit. Er erzählt vom Sommer, von seinen Erlebnissen und Begegnungen, und es ist, als kehrten Farben und Sonnenstrahlen ein in die triste Höhle der Mäuse.

Natürlich wäre Frederick verhungert ohne die gesammelte Nahrung der anderen, aber auch er hat etwas Wichtiges beizusteuern für das Leben der Gemeinschaft. Die Mehrzahl arbeitet, er lebt. Und er sammelt dabei Erfahrungen, saugt sich voll mit den Farben dieser Welt, speichert in seinem Herzen die Strahlen der Sonne. Die Maus lebt nicht vom Käse allein, das zeigt sich, als der Winter kommt.

Beide Geschichten enthalten eine Wahrheit, die sich zu beherzigen lohnt. »Sei klug! Sorge vor! Lebe nicht blind in den Tag hinein!« Das ist die Vernunft der Ameise und der Mäuse. Aber auch die Grille und die Maus Frederick verkörpern eine Weisheit: »Vergiss nicht zu leben!«

Ich bin eher zur Ameise erzogen worden. Aber mir gefällt die ganz andere Lebenseinstellung der kleinen Maus Frederick. Wer über der Arbeit vergisst zu leben, findet sich bald in der grauen Höhle der Schwermut. Deshalb: Vergiss die Farben nicht, vergiss die Wärme nicht, sonst ist dir bald kalt ums Herz. Wenn dir die Worte abhandenkommen, wenn du keine Geschichten mehr zu erzählen hast, dann wird es Zeit, neue Vorräte zu suchen. Dann wird es Zeit, dass du Begegnungen und Gesprächen wieder mehr Raum gibst, dass du dir das Herz wärmen lässt und Farbe in dein Leben bringst. Es gibt Phasen im Leben, da ist es wichtig, sich selbst etwas Gutes zu tun. Ausgebrannt und ausgelaugt dienen wir niemandem. Nicht »Schaffe, schaffe, Häusle baue ...« ist unser erster Auftrag. Die Welt soll farbiger werden und wärmer durch uns, und die Hoffnung soll ein kleines Stück wachsen dürfen. Es war wieder ein römischer Dichter, Horaz, der dafür einen berühmten Ratschlag gab: »Carpe diem – pflücke den Tag. Als Lateinschüler damals habe ich noch nicht verstanden, was er damit meinte.

Stichworte   Leistung, Genießen, Farben, Lebendigkeit

Darüber hinaus

Meine vierjährige Enkelin schaut den Vögeln im Garten zu. Nach einer Weile sagt sie versonnen: »Ich möchte auch fliegen.« »Menschen können nicht fliegen«, antworte ich, »sie haben doch keine Flügel.« »Eine typische Erwachsenenantwort!«, denke ich später. Menschen können fliegen! Auch ohne Flügel. Dieser »Lesende Klosterschüler« von Ernst Barlach ist der Beweis. Versunken in seine Lektüre ist er abgetaucht in eine andere Welt. Was rund um ihn geschieht, hat er ausgeblendet. Er ist an einem anderen Ort, vielleicht auch in einer anderen Zeit. Wer liest, bewegt sich gedankenschnell durch Raum und Zeit.

Das kennen wir doch alle: Wie Bücher uns mitnehmen in ferne Länder, wie sie uns verstricken in die erzählte Handlung. Als Kinder haben wir über einem spannenden Buch alles vergessen: das Mittagessen, die Hausaufgaben, die Schlafenszeit. Denn wir waren weit weg: sind mit Winnetou durch das Präriegras geschlichen oder haben neben Harry Potter in der Zauberschule von Hogwarts gesessen.

Das funktioniert übrigens auch bei Erwachsenen: Ein fesselndes Buch schlägt uns in seinen Bann. Es versetzt uns hinein in das erzählte Geschehen, holt uns heraus aus unserer Gegenwart und macht uns zum Teil der Geschichte. Wir erleben mit, was die Romanfiguren erleben, sehen die Welt durch ihre Augen, fühlen, was sie fühlen. Und so kann es kommen, dass unser Pulsschlag sich beschleunigt, dass wir zittern vor Spannung oder dass uns die Tränen kommen, weil das Erzählte uns so zu Herzen geht.

Bücher scheinen eine große Macht zu haben. Und in der Tat: Dieser Buchleser ist gefährlich. So sahen es jedenfalls die Nazis in den 1930er Jahren. Sie lehnten Barlachs Werke ab und ließen Hunderte aus dem Verkehr ziehen.

In jeder Diktatur werden Bücher argwöhnisch beobachtet. Sie verleihen dem Geist Flügel. Kritisches Denken aber und alternative Weltsichten sind unerwünscht. Zu viel Phantasie könnte das Bestehende in Frage stellen. Deshalb sind Buchleser gefährlich. Deshalb kontrollieren Putin, Xi Jinping und Erdogan die Medien und unterdrücken den Informationsaustausch im Internet. Wer liest, denkt. Und wer denkt, könnte auf dumme Gedanken kommen – in den Augen der Mächtigen.

Ernst Barlach hat den »Lesenden Klosterschüler« 1930 geschaffen, acht Jahre vor seinem Tod. 1957 hat der Schriftsteller Alfred Andersch den Roman geschrieben: »Sansibar oder der letzte Grund«. Im Mittelpunkt dieses Romans steht diese Skulptur. Sie befindet sich, so erzählt Andersch, in der Pfarrkirche der norddeutschen Küstenstadt Rerik. Die Nazis, in dem Roman immer nur »die Anderen« genannt, haben dem Pfarrer mitgeteilt, dass der Lesende Klosterschüler am nächsten Tag abgeholt und beschlagnahmt werden soll. Pfarrer Helander, der im Ersten Weltkrieg ein Bein verloren hat und sein Amt nur noch mit Mühe aus-

ERNST BARLACH, LESENDER
KLOSTERSCHÜLER, 1930

üben kann, will die Figur retten. Das ist seine Form des Widerstands gegen die Anderen. Mit Hilfe des Fischers Knudsen soll sie über die Ostsee zu einem Mitbruder nach Schweden geschmuggelt werden. Von dieser Rettungsaktion handelt der Roman.

Weitere Personen sind: der Schiffsjunge des Fischers, der von Sansibar träumt und einfach raus aus Rerik will, die junge Jüdin Judith, die aus Deutschland fliehen will, und der kommunistische Parteifunktionär Gregor, Absolvent der Lenin-Akademie. Dieser Gregor wird zur Schlüsselfigur, bei dem die Fäden zusammenlaufen. Eigentlich soll er im Untergrund Kontakt aufnehmen zur kommunistischen Ortsgruppe von Rerik. Aber außer Fischer Knudsen ist niemand mehr übrig. Außerdem sind Gregor längst Zweifel an seiner Partei gekommen und er will sich ins Ausland absetzen.

Das folgende Zitat beschreibt, wie Gregor, der sich heimlich mit Fischer Knudsen in der Kirche trifft, erstmals dem »Lesenden Klosterschüler« begegnet:

»Das sind ja wir, dachte Gregor. Er beugte sich herab zu dem jungen Mann, der, kaum einen halben Meter groß, auf seinem niedrigen Sockel saß, und sah ihm ins Gesicht. Genau so sind wir in der Lenin-Akademie gesessen und genau so haben wir gelesen, gelesen, gelesen. [...]

So versunken waren wir. So versunken wie er. [...] Er trägt unser Gesicht, dachte er, das Gesicht unserer Jugend [...] Aber dann bemerkte er auf einmal, dass der junge Mann ganz anders war. Er war gar nicht versunken. [...] Er las ganz einfach. Er las aufmerksam. Er las genau. Er las sogar in höchster Konzentration. Aber er las kritisch. Es sah aus, als wisse er in jedem Moment, was er da lese. [...] Er ist anders, dachte Gregor, er ist ganz anders. Er ist leichter, als wir waren, vogelgleicher. Er sieht aus wie einer, der jederzeit das Buch zuklappen kann und aufstehen, um etwas ganz anderes zu tun.«[9] Das war die erste Begegnung des jungen Kommunisten mit dem Lesenden Klosterschüler. Und er erkannte: Die Art, wie der liest, ist anders als die Indoktrination durch die Partei. Er liest in der Freiheit des Geistes. Er liest, was er will. Und er kann aufstehn und gehn. Deshalb ist er gefährlich. Kein Wunder, dass ihn die Anderen aus dem Verkehr ziehen wollen.

Heute würde ich meiner Enkelin antworten: »Du kannst fliegen. Aber anders als die Vögel.« Dieser Lesende hat mich daran erinnert: Wir Menschen haben die Fähigkeit, Raum und Zeit zu überschreiten: mit unserem Geist und mit den Flügeln der Phantasie. Das zeichnet uns aus. Wir müssen nicht stehen bleiben, da wo wir sind, müssen uns nicht begnügen mit dem, was wir vorfinden. Der Mensch ist das »Wesen der Transzendenz«, so hat es der große Theologe Karl Rahner ausgedrückt. Er hat die Fähigkeit, die Wirklichkeit zu überschreiten – auf jenen Horizont hin, der uns als absolutes Geheimnis umgibt. Wir Christen nennen dieses Geheimnis »Gott«.

Zwiesprache mit dem »Lesenden Klosterschüler«

Du bist ganz bei dir,
ruhst fest auf dem Boden,
die Augen versenkt
in das Buch.

Zur Tür wird es
in ferne Welten,
und du fliegst,

---

9   Alfred Andersch, Sansibar oder der letzte Grund, Olten 1957, zitiert nach der Fischer-Taschenbuchausgabe, Frankfurt 1970, 46f.

obwohl fest auf dem Boden,
durch die offenen Weiten des Himmels.

Als lauschest du einer Stimme,
als hörtest du einen Ruf,
als folgtest du fernen Spuren,
ein Hauch von Sehnsucht im stillen Gesicht.

Nimm mich mit auf den Flug,
kleiner Bruder,
hinter den Horizont!
Lass uns fragen, lass uns suchen
über die Grenzen hinaus!

Denn das hier
war noch längst nicht alles,
und noch viele Seiten
enthält dein Buch.
Ein Leben reicht nicht aus,
sie zu lesen.

Stichworte   Lesen, Kunst, Barlach, Freiheit des Geistes, Transzendieren
Besondere Einsatzmöglichkeiten   Veranstaltungen zum Thema Buch / Lesen, Segnung einer Bücherei, Bildmeditation

Wenn wir Gott bitten …

Das Bittgebet ist der Ernstfall des Glaubens. Ein uralter religiöser Grundakt: Gott um Hilfe bitten. »Ich hebe meine Augen auf zu den Bergen: Woher kommt mir Hilfe? Meine Hilfe kommt vom Herrn, der Himmel und Erde gemacht hat.« (Ps 121,1f) Die Bibel ermutigt dazu, sich in der Not an Gott zu wenden. Er wird helfen. Die Bergpredigt Jesu spitzt es zu: »Bittet und es wird euch gegeben; sucht und ihr werdet finden; klopft an und es wird euch geöffnet! Denn wer bittet, der empfängt; wer sucht, der findet; und wer anklopft, dem wird geöffnet.« (Mt 7,7)

Wenn das so einfach wäre! Unsere Lebenserfahrung zeigt: Manche Bitten werden nicht erhört. Eine Krankheit wird nicht geheilt, ein Schicksalsschlag nicht abgewendet. Ein Vorhaben gelingt nicht. Trotz aller Tränen und Gebete. Dabei hatte Jesus doch ausdrücklich versprochen: »Wenn ihr mich um etwas in meinem Namen bitten werdet, werde ich es tun.« (Joh 14,14) Enttäuschte Bittgebete steckt man nicht so einfach weg. Das Vertrauen auf Gott steht auf dem Spiel. Deshalb geht es um den Ernstfall des Glaubens.

Ein erster Rettungsversuch des Glaubens argumentiert meist so: Man darf das Bittgebet nicht als Automatismus ansehen nach dem Schema: Ich bitte – Gott erfüllt. Gott bleibt der Freie, Unverfügbare. Wir können ihn nicht zum Erfüllungsgehilfen unserer Wünsche machen. Warum dann aber überhaupt noch bitten, wenn Gott am Ende doch macht, was er will?

Eine andere Argumentation lautet: Wenn Gott deine Bitten nicht erhört, dann dient das nur zu deinem Besten. Er sieht weiter als du. Er weiß möglicherweise, dass dir die Erfüllung deiner Bitten keinen Segen bringen würde. In seiner Weisheit und Güte versagt er dir die Erhörung deiner kurzsichtigen Wünsche. Du beurteilst alles nur aus deiner menschlich begrenzten Perspektive. Er aber ist Gott. Und was Gott tut, das ist wohlgetan. Auch hier bleibt die Frage: Warum Gott überhaupt noch bitten? Genügt es nicht, darauf zu vertrauen, dass er unser Bestes will und fügt, unabhängig davon, ob und um was wir ihn bitten?

Ein dritter Rettungsversuch des Glaubens sagt: Im Bittgebet wenden wir uns nicht nur an Gott, sondern gleichzeitig auch an uns selbst. Das Gebet um Frieden beispielsweise appelliert immer auch an uns selbst, Schritte zum Frieden in die Wege zu leiten. In unseren Bittgebeten können wir nicht einfach Gott die Verantwortung zuschieben. Gebete für die Armen dieser Welt schließen notwendigerweise ein, dass wir selbst bereit sind, den Armen zu helfen. So gesehen dienen unsere Bittgebete nicht dazu, Gottes Hilfsbereitschaft zu wecken, sondern unsere eigene. Wir Menschen sind für Frieden und Gerechtigkeit in der Welt verantwortlich. Im Bittgebet stellen wir uns dieser Verantwortung.

Zwischenbilanz: Wir können unsere menschliche Art zu bitten nicht ungefiltert auf Gott übertragen. In welches Dilemma würde Gott sonst geraten, wenn etwa die italienischen Fußballfans für den Sieg ihrer Mannschaft beten und die spanischen Fans für ihre Mannschaft das Gleiche tun? Auf welche Seite soll er sich stellen?

Damit sind wir schon in tiefes theologisches Fahrwasser geraten. Denn es stellt sich die Frage: Wie wirkt Gott überhaupt in der Welt? Greift er direkt in seine Schöpfung ein? Setzt er physikalische oder medizinische Gesetzmäßigkeiten außer Kraft? Dreht er sozusagen »von oben« an den Rädchen der Natur oder der Geschichte? Sind dann die Gebetserhörungen »Wunder«: Eingriffe Gottes in den Lauf der Welt?

Können wir das glauben? Ist es vereinbar mit unserem Welt- und Gottesbild? Für viele Menschen der Moderne ist das nicht nachvollziehbar. Das Bittgebet wird damit für sie zum Beweis für die Naivität der Christen und die Absurdität ihres Glaubens. Allerdings hat bereits Thomas von Aquin im Mittelalter betont, dass Gott durch »Zweitursachen« wirkt. Vereinfacht gesagt heißt das: Gott wirkt das Ganze, nicht das Einzelne, er hat die »Kette der Ursächlichkeiten« in der Hand, schiebt sich aber nicht durch sein Handeln als ein Glied in diese Kette hinein.[10] Man kann ihn also einerseits nicht zu einem innerweltlichen »Handlungsfaktor« machen, andererseits ist er der tragende Grund aller Wirklichkeit, so dass man ihn – nach einem Wort des hl. Ignatius von Loyola – in allen Dingen suchen und finden kann.

---

10 Karl Rahner, Grundkurs des Glaubens. Einführung in den Begriff des Christentums, Freiburg 1976, 94.

Einen Zugang zum Bittgebet eröffnet die Sprachtheorie. Jede sprachliche Äußerung, so heißt es da, hat vier Seiten: Wir stellen einen Sachverhalt dar, tauschen Beziehungssignale aus, sagen etwas über uns selbst und wollen etwas bewirken. Wenn wir sprechen, senden wir also gleichzeitig Sachbotschaften und Beziehungsbotschaften, Selbstkundgaben und Appelle.

Übertragen Sie das auf das Bittgebet. Sie beten beispielsweise um Heilung in einer Krankheit. Die Sachbotschaft könnte dann sein: »Ich bin krank. Ich muss operiert werden. Dabei könnten folgende Komplikationen entstehen ...«. Die Beziehungsbotschaft an Gott lautet: »Ich vertraue dir. Du bist der Herr über Leben und Tod. Du bist meine Zuflucht, mein Helfer in der Not.« Gleichzeitig vollzieht mein Gebet die Selbstkundgabe: »Ich habe Angst. Ich bin verzweifelt. Ich fühle mich ohnmächtig.« Als Viertes wird der Appell ausgesprochen: »Hilf mir! Lass mich gesund werden!«

Entscheidend sind für mich Selbstkundgabe und Beziehungsbotschaft. Auf der Sachebene braucht es das Bittgebet nicht. Gott weiß, was uns fehlt, worunter wir leiden. Auch der Appell ist überflüssig. Gott will unser Bestes. Wir müssen ihn nicht erst überreden, uns zu helfen.

Das heißt: Das Bittgebet ist nicht dazu da, Gott über unsere Not zu informieren oder ihn zum Helfen zu motivieren. Wir beten nicht, damit Gott etwas tut, was er ohne unser Gebet nicht getan hätte. Im Bittgebet sprechen wir unsere Not, unsere Hilfsbedürftigkeit, unseren Kummer vor Gott aus. Wir zeigen uns ihm. Wir öffnen ihm unser Herz – die höchste Form der »Selbstkundgabe«. Gleichzeitig bringen wir unsere Beziehung zum Ausdruck: Ich vertraue dir, ich baue auf dich oder – theologisch gesprochen – ich glaube an dich. Im Bittgebet treten wir vor Gott mit all dem, was uns bewegt, und übereignen uns ihm in Glaube, Hoffnung und Liebe.

Nach meinem Verständnis bewegen wir damit nicht Gott zu irgendetwas, sondern wir bewegen uns, und zwar auf ihn zu. Was dadurch geschieht, lässt sich nicht vorhersagen. Aber ich bin überzeugt: Wenn ein

Mensch sich radikal Gott aussetzt, vor ihn hintritt mit seinen Anliegen und seiner Hilfsbedürftigkeit und dabei gleichzeitig seine eigene Bereitschaft mitbringt, alles zu tun, was in seinen eigenen Kräften liegt, wenn ein Mensch das tut und sich dabei in grenzenloser Hingabe Gott öffnet und sein Schicksal oder das Schicksal anderer Jesus, dem Herrn, anvertraut, dann verändert sich dadurch die Welt. Nicht Gott greift daraufhin punktuell in den Ablauf der Geschichte ein, sondern der Mensch öffnet sich und anderen eine Tür für das Heilswirken Gottes, das von Urbeginn die Schöpfung durchwaltet. Um im Bild zu bleiben: Wenn die Schleuse geöffnet wird, kann das Wasser der Gnade einfließen in das Leben, in die Welt. Auch dieses Bild ist unvollständig und nicht ganz passgenau. Es deutet nur die Richtung an, in die wir schauen müssen, wenn wir über das Bittgebet nachdenken. Wer Gott bittet, ist bereit, sich von ihm ergreifen zu lassen. Und das ist nun wirklich der Ernstfall des Glaubens.

Stichworte   Bittgebet, Gebetserhörung, Wirken Gottes
Bibelstellen   Ps 121,1f; Mt 7,7; Joh 14,14

Bittgebet

Aus der Tiefe rufe ich, Herr, zu dir.
Du kennst meine Abgründe und Dunkelheiten,
du siehst meine Wunden,
bist vertraut mit allem,
was mich bewegt.
Du bist mir näher, als ich mir selber bin.
In meiner Not trete ich vor dich
mit meinen schwachen Kräften
und mit meinem guten Willen,
mit meiner Sehnsucht und meiner Hoffnung.
Dir vertraue ich mich an.
Erbarme dich meiner.

Führe mich deinen Weg
und lass mich dich finden
in allem, was geschieht.
Öffne meine Augen und mein Herz
für deinen Willen
und befreie mich aus dem Gefängnis
meiner eigenen Pläne.
Nicht alle Wünsche erfüllst du,
aber alle deine Verheißungen.
So bitte ich dich
um deinen Geist.
Er ist die größte Gabe,
die du schenken kannst.
Mach mich bereit,
sie zu empfangen.

Stichworte und Bibelstelle s. o.

Zwischenbilanz

Als kleines Mädchen wollte sie Schlagersängerin werden oder Kinder-
ärztin. Zwischen diesen beiden Traumberufen schwankte sie bis zur
Grundschule. Als sie zehn Jahre später die Mittlere Reife in der Tasche
hatte, war sie damit zufrieden, eine Lehre in einem Reisebüro beginnen
zu können. Sie hoffte, den Sprung zur Reiseleiterin zu schaffen. Dann
könnte sie ferne Länder besuchen, würde interessante Menschen ken-
nenlernen, ihren Horizont erweitern, neue, aufregende Erfahrungen
machen ...
Mit 22 Jahren heiratete sie. Ihr Traum vom Reisen in fremde Länder
wurde abgelöst von sehr konkreten Plänen: Das Häuschen der Schwiegereltern sollte aufgestockt werden. Dort wollten sie einziehen, zusammen mit dem Kind, das in einigen Monaten auf die Welt kommen würde.

Ihr Mann arbeitete in einem Betrieb des Nachbarorts, den er bequem mit dem Fahrrad erreichen konnte ... Als zweieinhalb Jahre später das zweite Kind geboren wurde, gab sie die Stelle im Reisebüro auf. Der Haushalt, die beiden Kinder, ihr Mann, der große Garten, das alles beschäftigte sie rund um die Uhr. An ihrem 50. Geburtstag fiel ihr ein altes Kinderfoto in die Hand. Es zeigte sie als kleines Mädchen, eine weiße Schürze umgebunden, in der Hand einen roten Spielzeug-Arztkoffer mit medizinischen Instrumenten aus Plastik. Eine plötzliche Erinnerung an längst vergessene Kinderträume.

Und die Realität? Seit 28 Jahren verheiratet, die beiden Kinder mittlerweile erwachsen, ein Haus auf dem Land, das ihnen die Schwiegereltern schon vor Jahren überschrieben haben. Der Ehemann engagiert im Sportverein, sie selbst im Vorstand des Kirchenchores ...

Das Kinderfoto steckt noch in ihrer Schürzentasche, als die letzten Geburtstagsgäste gegangen sind. Während ihr Mann schon anfängt, die leeren Gläser in die Küche zu tragen, zieht sie es hervor und betrachtet es. Was ist aus den Träumen von einst geworden? Ist das Leben falsch gelaufen oder waren die Träume falsch? Was wäre gewesen, wenn? Darf man trauern um verlorene Träume? Oder sollte man zufrieden sein mit dem »kleinen Glück«, das einem das Leben schenkt? Gibt es das überhaupt, das »große Glück«? Würde ich die Reset-Taste drücken und alles anders machen, wenn ich könnte?

»Was geht dir durch den Kopf?«, fragt ihr Mann, der ihre nachdenkliche Miene sieht. Sie spürt das Foto noch in ihrer Tasche, als sie ihm beim Abräumen hilft, und er wundert sich über ihr glückliches Lächeln, als sie ihm ganz unverhofft den Arm um die Schultern legt.

Stichworte Lebensbilanz, Glück, Träume

Stummes Abendgebet

Manchmal, wenn es still geworden ist,
wenn die Nacht kommt
und Dunkelheit sich ausgebreitet hat,
wandern die Gedanken hinaus ...

Das Gesicht,
gezeichnet von den Wegen, die ich gegangen bin,
von den Träumen, die ich geträumt,
von den Tränen, die ich geweint habe.
In den Augen die Schatten all der Dinge, die ich sah.

So stehe ich am Fenster;
weit geöffnet ist es
und ich spüre den frischen Lufthauch,
der mich von draußen anweht.

Manchmal, am Abend des Tages,
ziehe ich Bilanz über das, was war.
Und wenn die Stimmen verstummt sind
und die Gedanken zur Ruhe kommen,
erklingt leise im Herzen
das alte Lied der Sehnsucht,
fast vergessen geglaubt
in den Geräuschen des Alltags.
Und die Hände falten sich
und der Blick wandert zu den Sternen.

Nacht für Nacht leuchtet es mir,
das Licht aus dem Himmel.
Doch oft vergesse ich den Stern,
der mir schon in frühen Jahren aufgeleuchtet ist,

als der Morgenstern meines Lebens,
und der mich einst
auch als Abendstern begleiten wird,
wenn die Dunkelheit kommt.

Heute,
stehend am offenen Fenster,
spüre ich seinen Strahl.

Innehalten

Jeden Tag verrät mir die Zeitung, wer wieder verstorben ist. Menschen tauchen auf, die mir von Kindheit an vertraut waren. Sie gehörten zu der Stadt, in der ich lebe, wie das Inventar in einem vertrauten Zimmer. Unter der Todesnachricht: die Namen der Kinder und der Angehörigen: »In Liebe und Dankbarkeit nehmen wir Abschied.« Ihre Betroffenheit geht tiefer als bei einem Zeitungsleser, als bei mir. Sie haben ihren Mann, ihre Frau, ihren Vater oder ihre Mutter verloren.

Meine Augen verweilen immer noch auf dem schwarz umrandeten Rechteck. Und ich denke daran: Einmal wird auch mein Name so in der Zeitung stehen. Und andere werden ihn beim Frühstück lesen und sich an mich erinnern. Was werden sie mit meinem Namen verbinden? Was hinterlasse ich, wenn ich gehe? Unversehens wird die Lektüre der Todesanzeigen zur Gewissenserforschung: Wer bist du? Wer willst du sein? Wie viel Zeit bleibt dir noch, es zu werden?

Stichworte   Sterblichkeit, Identität

In den Spiegel geschaut

Warum bin ich so, wie ich bin? Manchmal taucht die Frage auf. Warum bin ich, wie ich bin?

Vier Faktoren, sagen die Experten, haben über mich bestimmt:

Meine Erbanlagen – das Genmaterial – legen fest, wer ich bin. Größe, Haarfarbe, Intelligenz, geistige und seelische Anlagen werden geprägt von dem in meinen Zellen gespeicherten Programm.

Zum genetischen Faktor kommt die Sozialisation, die Summe aller Erziehungseinflüsse: Wie wurde ich erzogen? Welche Bildung habe ich erfahren? Welche Werte und Haltungen wurden mir vermittelt? Wie sind die Menschen mit mir umgegangen? Und wie hat das mein Selbstwert- oder Minderwertigkeitsgefühl beeinflusst? Welche Ängste sind in mich »eingepflanzt« worden, welche Aggressionen haben sich entwickelt, welche Fähigkeiten und Schwächen?

Der dritte Faktor ist das gesellschaftliche Milieu, in dem ich aufgewachsen bin. Welche Rolle wurde mir angeboten bzw. in welche Rolle wurde ich gedrängt? Der soziale Status hat Auswirkungen auf Umgangsweise und Ansehen. Reich oder arm? Oberschicht oder Arbeiterklasse? Urlaub auf den Malediven oder Ferienzeltlager im Spessart? Auch das unmittelbare familiäre Umfeld gehört zu meinem Sozialmilieu: Eltern – verheiratet, geschieden, alleinerziehend? Großfamilie mit Omas und Opas? Patchwork mit komplexen Kombinationen? Geschwister oder Einzelkind?

Als vierter Faktor sind die jeweiligen Zeitumstände zu berücksichtigen. Wer ich (geworden) bin, hängt beispielsweise auch davon ab, ob ich in den kargen Nachkriegsjahren aufgewachsen bin oder um die Jahrtausendwende. Ob ich mit Schiefertafel und Griffel zur Schule gegangen oder mit Laptop und Smartphone groß geworden bin. Die Zeit der Beatles war eine andere als die von Helene Fischer, und die Kinder von Bullerbü lebten in einer anderen Welt als Harry Potter. Wie hat »meine« Zeit mich geprägt? Wer wäre ich geworden, wenn ich zwanzig Jahre früher oder zwanzig Jahre später geboren wäre?

Das Geflecht der Beeinflussungen und Abhängigkeiten, der Weichenstellungen und Prägungen, der Entwicklungen und Formungen kann niemand durchschauen: weder für sich selbst noch für andere. Auch psychologische Gutachter können nur einen begrenzten Blick hinter die Kulissen werfen.

Erbanlagen und Erziehungseinflüsse, gesellschaftlicher Rahmen und historische Zeitsituation sind wichtige Einflussgrößen. Zu meinem Welt- und Menschenbild gehört noch ein fünfter Faktor: meine eigene Freiheit. Ich bin nicht nur das Produkt »äußerer« Einflüsse, ich gestalte mich auch selbst. Bei aller genetischen Disposition und aller Prägung durch meine Sozialisation, bei allen Einflüssen meiner gesellschaftlichen Einbettung und meines zeithistorischen Kontextes gibt es auch noch mich selbst. Ich kann ja sagen oder nein, kann Stellung nehmen zu Prägungen und Entwicklungen, kann mich distanzieren, kann reflektieren und kritisch hinterfragen.

Auch dabei mag ich beeinflusst und geformt sein von den vier Faktoren, die mich geprägt haben. Oft bin ich abhängig, auch wenn ich meine, frei zu entscheiden. Seit Sigmund Freud wissen wir, dass das Ich nicht einmal »Herr ist im eigenen Haus«. Niemals kann ich mir absolut sicher sein, dass ich es wirklich selbst bin, der eine Entscheidung trifft, weil das Wurzelgeflecht undurchschaubar ist, aus dem sie herauswächst. Aber es gibt sie: die Momente ganz persönlicher Wahl. Vielleicht ist es nur ein blitzartiges Aufleuchten von Freiheit, ein Wimpernschlag-Augenblick, in dem ich ganz ich selber bin.

Wichtiger als die Frage, wie ich so geworden bin, wie ich bin, ist es mir, dass ich in diesen Augenblicken unbedingter Freiheit mich selber wähle. Und ich hoffe, dass ich bei diesem Aufblitzen der Freiheit, von dem ich nicht weiß, wann es je in meinem Leben geschehen ist oder geschehen wird, die richtige Entscheidung treffe: für die Wahrheit und nicht für die Lüge, für die Gerechtigkeit und nicht für den Eigennutz, für die Liebe und nicht für den Hass oder die Gleichgültigkeit.

Ich glaube, dass es diese Momente der Freiheit sind, die am Ende mein Leben ausmachen. Und ich hoffe, dass Er, der Einzige, der das Geflecht meiner Prägungen und Bedingtheiten durchschaut, in diesen Momenten der Freiheit mich ruft und dass ich seine Stimme heraushöre aus dem großen Stimmengewirr der Welt, dass ich sie höre und ihr folge.

Stichworte   Identität, Selbstwerdung, Freiheit, Entscheidung
Bibelstellen   Ps 139

Leit-Bilder

Es gibt einen tiefenpsychologischen Ansatz, der davon ausgeht, dass unsere Gedanken, unsere Gefühle und unser Verhalten beeinflusst werden von Bildern, die tief in unserem Inneren verankert sind. Solche »Urbilder der Seele« gibt es menschheitsweit über alle Kulturen hinweg. Sie begegnen uns in den Träumen oder auch in den Mythen und Märchen der Völker. Oft sind sie uns nicht bewusst, aber sie steuern unser Leben. Auch Visionen sind Bilder von großer Kraft. In ihnen leuchtet auf, was wir vom Leben erträumen. Sie sind Zukunftsbilder, die uns zeigen, wie die Welt sein könnte, wie die Kirche sein könnte, wie wir selbst sein könnten. Solche Visionen sind wie Sterne, an denen wir uns orientieren. Sie zeigen uns den Weg. Sie geben uns den Mut zum Träumen und die Kraft zum Kämpfen.
Die Bibel ist voll von solchen visionären Bildern. Zwei will ich nennen. Eines steht ganz am Anfang, das andere ganz am Ende der Bibel. Schon auf den ersten Seiten begegnet uns die Vision vom Garten des Paradieses, das uralte Traumbild einer heilen Welt: Mensch und Tier leben zusammen in friedlicher Harmonie, Mann und Frau begegnen sich offen und ohne Scheu, und wie ein Windhauch erfüllt Gottes Nähe den Garten und die Herzen.
Diesen Traum, wie die Welt sein könnte und wie die Menschen zusammen leben könnten unter Gottes Augen, hält die Bibel jahrhundertelang

wach. Und als sich abzeichnet, dass so viele Hoffnungen zerbrochen sind und das Paradies in immer weitere Fernen rückt, da entfaltet das letzte biblische Buch noch ein anderes Hoffnungsbild: Eine heilige Stadt, das neue Jerusalem wird aus dem Himmel herabkommen, eine Stadt, in deren Mitte Gott selber wohnt. Und er wird alle Tränen von den Augen der Menschen abwischen, und es wird keinen Tod mehr geben, keine Trauer und keine Klage. Das verlorene Paradies wird abgelöst durch Gottes neue Stadt.

Bis heute leben wir Christen aus dieser Verheißung. Und immer, wenn wir zum Gottesdienst zusammenkommen, soll etwas aufleuchten von jener Vision, dürfen wir uns anstecken lassen von ihrer Kraft und Faszination.

Mitten im Alltag, mitten in den kleinen und großen Sorgen und Geschäftigkeiten, die das Leben besetzen, öffnet sich der Raum und macht unsere wahre Bestimmung sichtbar. Eine Ahnung vom Glanz des Paradieses leuchtet auf und das Hoffnungsbild jener Vollendung, in der Gott alles in allem ist.

Stichworte Visionen, Paradies, heilige Stadt
Bibelstellen Spr 29,18; Offb 21,1–7

Brot vom Himmel

Viele Menschen aus der Kriegs- und Nachkriegsgeneration, die ich kenne, sind sehr sparsam. Sie haben schlechte Zeiten erlebt und wollen vorsorgen für die Zukunft. Deshalb heben sie gerne auf, was man vielleicht noch einmal brauchen könnte: Kleider und Stoffreste, Schrauben und Bretter, Bücher und Hefte. Das Kellerregal ist voll mit Eingemachtem und auf dem Speicher türmen sich alte Spielsachen, defekte Elektrogeräte und ausrangierte Koffer.

Vorräte anlegen für schlechte Zeiten. Das ist vernünftig und klug. Doch nicht immer kann man sich absichern. Als das Volk Israel durch die

Wüste zog, marschierte es mit leichtem Gepäck. Und so waren die Vorräte bald aufgebraucht und das Volk murrte.

Das Manna, das Gott daraufhin vom Himmel regnen ließ, gibt bis heute Rätsel auf: Manche Forscher meinen, es sei ein Sekret der Blätter des Tamariskenstrauchs, das zu Boden fällt und als Nahrung verwendet wird. Andere deuten die Geschichte als Symbolerzählung, die eine theologische Wahrheit vermitteln will. Ich finde eines interessant: Das Manna hatte eine besondere Eigenschaft: Es ließ sich nicht aufbewahren. Vorratsspeicherung war nicht möglich. Jeden Tag neu musste das Volk auf Gott vertrauen. Es lebte von der Hand in den Mund. Genauer gesagt: Es lebte aus Gottes Hand.

Die Manna-Geschichte erzählt für mich nicht von einem Wunder der Natur, sondern vom Wunder des Glaubens. Wer Gott vertraut, braucht keine anderen Absicherungen. Das wollte auch Jesus immer wieder deutlich machen. »Ich bin das Brot des Lebens«, sagte er einmal. Wer an ihn glaubt, wer von diesem Brot isst, das wie Manna aus dem Himmel gekommen ist, wird nie mehr hungern (Joh 6, 34) und wird in Ewigkeit leben (Joh 6, 51.58).

Stichworte   Manna, Brot des Lebens
Bibelstelle   Joh 6,24–35
Besondere Einsatzmöglichkeiten   Lesejahr B, 18. Sonntag im Jahreskreis

Zu sich selber stehen

»Was sollen denn die Leute denken?!« Früher spielte dieser Satz eine große Rolle: in der Erziehung und im eigenen Leben. Manchmal auch heute noch. Zugeben wird man es freilich kaum. Und trotzdem steuert die vermutete Außenwirkung oft das Verhalten. Sich keine Blöße geben, eine gute Figur machen, sich von der besten Seite zeigen – viel Kraft und Lebensenergie investieren wir in eine gute Fassade. Dahinter verstecken wir Fehler, Schwächen und Schattenseiten. »Immer nur lächeln«, heißt es in einer Operette, »was auch immer geschieht«. Haltung wahren, sich nichts anmerken lassen, die Zähne zusammenbeißen, »denn wie's da drin aussieht, geht niemand was an«.

Warum so viel Angst vor der Wahrheit? Oft genug verleugne ich sie ja sogar vor mir selbst. Was ich an mir nicht akzeptieren kann, verberge ich umso sorgfältiger vor den anderen. Wahrscheinlich ist es die Angst, an Ansehen zu verlieren, weniger geliebt zu werden. So entsteht mit der Zeit eine Maske. Ich wage es nicht mehr, mein wahres Gesicht zu zeigen. Das kann viel Kraft kosten. Das kann weh tun. Und im schlimmsten Fall vergesse ich, wer ich wirklich bin.

Es kann befreiend sein, die Maske abzunehmen, auf Imponiergesten und Fassadentechniken zu verzichten und sein wahres Gesicht zu zeigen. Masken sind starr und engen ein, und wer immer nur auf die Außenwirkung achtet, lässt das Leben im Inneren verkümmern. Wer das entdeckt hat, kann die Gewichte anders verteilen. Das Sein zählt mehr als der Schein. Der Augustinermönch Thomas von Kempen hat es bereits im Mittelalter in seiner berühmten Schrift über die »Nachfolge Christi« so ausgedrückt: »*Du bist nicht heiliger, wenn du gelobt, und nicht schlechter, wenn du getadelt wirst. Wie du bist, so bist du, und keine Menschenworte können dich besser machen, als du nach dem Urteil Gottes bist.*« Das könnte uns Mut machen, die Masken abzunehmen.

Stichworte   Schattenseiten, Maske, Sein und Schein

Warte nicht

Frank Ostaseski gehört zu den Pionieren der Hospizarbeit. 2017 erschien sein Buch: »Die fünf Einladungen. Was wir vom Tod lernen können, um erfüllt zu leben.« Die erste »Einladung« hat die Überschrift: »Warte nicht«.

Es ist ein Lebensthema, Vorhaben auf später zu verschieben: Wenn ich Zeit habe, wenn es mir wieder besser geht, wenn ich pensioniert bin …

Dann kann es zu spät sein. Viele Geschichten erzählen davon. Zu lange gewartet mit dem Wort: »Ich liebe dich«. Die ersehnte Reise zu lange aufgeschoben. Ein Herzensprojekt zu spät in Angriff genommen. Wer zu lange im Warteraum sitzt, verpasst womöglich den Aufbruch. Was für später geplant war, wird zunichtegemacht durch eine Krankheit, durch einen Schicksalsschlag, durch den Tod. So kann es passieren, dass ein Besuch nie mehr stattfinden kann, dass die erhoffte Aussprache für immer unterbleibt, dass die ersehnte Tat nie mehr getan werden kann. »Lasst die Sonne nicht über eurem Zorn untergehen!«, mahnt der Epheserbrief. Auch für Versöhnung kann es zu spät sein.

Ostaseskis Einladung, nicht zu warten, bedeutet: Handle jetzt! Rede jetzt! Lebe jetzt! Schieb nicht auf, was dir wichtig ist. Verlass dich nicht darauf, dass es morgen immer noch eine Gelegenheit gibt. Es könnte zu spät sein.

Der Dichter Friedrich Rückert (1788–1866) hat es in der ersten Strophe seines Gedichtes »Herbsthauch« auf seine Weise ausgedrückt:

Herz, nun so alt und noch immer nicht klug,
Hoffst du von Tagen zu Tagen,
Was dir der blühende Frühling nicht trug,
Werde der Herbst dir noch tragen!

Manchmal wird uns das tatsächlich geschenkt, dass der Herbst noch trägt, was der blühende Frühling versagte. Aber verlassen sollte man sich darauf nicht.

Stichworte Aufschieben, Verpassen, Augenblick
Bibelstellen Joh 9,4; Eph 4,26

Ent-lastung

Berühmt geworden ist der Kurzgeschichtenband »Schuld« des Strafverteidigers und Schriftstellers Ferdinand von Schirach. Das ZDF hat daraus eine Krimireihe gemacht. Es geht um die komplexe moralische Beurteilung mancher Straftaten. Man muss aber gar nicht solche Extremsituationen bemühen: Schuld ist immer eine schwere innere Belastung. Ein Autofahrer hat ein Kind überfahren; eine Alkoholikerin hat mit ihrer Sucht die Familie zerstört; ein jugendlicher Gewalttäter hat einen Mitmenschen zum Krüppel geschlagen. Sie müssen weiterleben mit dieser Last.

Manche quälen sich ein Leben lang, werden nicht fertig mit ihrer Schuld. Depression oder Selbstvorwürfe sind die Folge. Andere sind Meister im Verdrängen, Bagatellisieren oder Entschuldigen. Wieder andere gehen zum Gegenangriff über und schieben dem Opfer die Schuld in die Schuhe.

Doch die Gewissensstimme ist hartnäckig. Schuld lässt sich nicht so leicht schönfärben oder verstecken. Wenn ich sie verarbeiten will, muss ich sie annehmen, muss zu ihr stehen und sie als dunklen Teil meiner Lebensgeschichte akzeptieren.

Der christliche Glaube steht im Ruf, Schuldgefühle zu produzieren oder zu verstärken. Hier ist in der Tat in der Vergangenheit viel gesündigt worden. Aber es gibt auch die andere Seite: Der Glaube macht mich frei. Er sagt mir, dass ich nicht allein bin mit meiner Schuld. Sie muss mich nicht erdrücken und mir den Lebensatem rauben. Gott selbst nimmt sich ihrer an. »So weit der Aufgang entfernt ist vom Untergang, so weit entfernt er von uns unsere Frevel«, heißt es im 103. Psalm. Damit ist kein »Heile, heile, Segen« gemeint. Da wird nicht großzügig über Fehlverhalten hinweggesehen. Das würde den Geschädigten nicht gerecht. Christlicher Umgang mit der eigenen Schuld bedeutet immer, dass ich zu meiner Verantwortung stehe, dass ich Schaden wiedergutzumachen versuche, dass ich mich um Versöhnung bemühe. Das ist leider nicht immer möglich. Manche Verletzungen lassen sich nicht mehr heilen, mancher Schaden ist irreparabel, Verzeihung kommt nicht in Frage. Da bleibt nur der Ruf nach Gott und seiner Barmherzigkeit.

Was geschehen ist, kann auch Gott nicht ungeschehen machen. Aber er sammelt die Scherben ein, die wir zerbrochen haben, und berührt behutsam die Wunden, die wir geschlagen haben. Er birgt in seiner Hand, was wir beschädigt und beschmutzt hinterlassen haben. Das ist keine Verharmlosung der Schuld, keine Verhöhnung der Opfer. Denn Gott hat ihre Verlorenheit, ihren Schmerz und ihre Ohnmacht am eigenen Leib durchlitten. Nur so konnte die Verhärtung der Schuld sich lösen, konnte das geschehen, was die Sprache der Theologen »Erlösung« nennt.

Der Apostel Paulus drückt in einem Bild aus, was Jesus Christus für uns getan hat: »Er hat den Schuldschein, der gegen uns sprach, durchgestrichen und seine Forderungen, die uns anklagten, aufgehoben. Er hat ihn dadurch getilgt, dass er ihn an das Kreuz geheftet hat.« (Kol 2,14) Wer an seiner Schuld verzweifelt, für den ist das eine letzte Hoffnung.

Stichworte   Schuld, Versöhnung
Bibelstellen   Ps 103; Kol 2,12–14
Besondere Einsatzmöglichkeiten   Bußakt, Bußgottesdienst

Woran erkennt man die Christen?

Dass sie beten und zum Gottesdienst gehen,
dass sie Kirchensteuer zahlen
und eine moralisch saubere Weste tragen?
Dass sie ihre Kinder nicht schlagen
und ihre Frauen nicht betrügen,
dass sie die Bibel kennen
und dem Bettler am Weg einen Euro in den Hut werfen?

Woran erkennt man uns Christen?

An der Güte in unseren Augen
und an der Zärtlichkeit unserer Hände?
An der Behutsamkeit, mit der wir urteilen,
und an unserer heimlichen Sympathie für die Verlierer?
An der Gelassenheit, mit der wir kämpfen,
und an der Leidenschaft, mit der wir lieben?
An der Wärme, mit der wir sprechen,
und an der Geduld, mit der wir zuhören,
an unserem freien Atem
und unserem weiten Herzen?

Woran erkennt man mich als Christ?

Dass ich Angst habe und dennoch hoffe,
enttäuscht bin und trotzdem vertraue,
mich mit Fragen quäle und immer noch glaube.
Dass ich den Weg suche und gleichzeitig gehe,
dass ich um den Tod weiß und dennoch lache,
die Menschen kenne und sie trotzdem liebe.
Dass ich manchmal
in der Stille
Gottes Atem spüre
in mir.

Die Richtung bestimmen

Entscheidungen treffen. Ein Leben lang müssen wir das tun. Oft sind es kleine Dinge: Was ziehe ich an? Was koche ich heute? Welches Fernsehprogramm schalte ich ein? Manchmal stellen meine Entscheidungen aber auch wichtige Weichen: Wo will ich leben? Welchen Beruf wähle ich? Wen heirate ich?

Meine Lebensgeschichte ist die Geschichte der Entscheidungen, die ich getroffen habe: Womit verdiene ich mein Geld und wofür gebe ich es aus? Wofür kämpfe ich? Was kümmert mich nicht? Wie lebe ich? Wen liebe ich? Wer will ich sein?

Oft hilft mir bei meinen Entscheidungen ein innerer Kompass. Ein Kompass zeigt die Richtung an. Die Kompassnadel ist nach Norden ausgerichtet. Der innere Kompass, der mir bei meinen Entscheidungen Orientierung gibt, ist das Gewissen. Viele nennen es auch eine innere Stimme, die mir sagt, was ich tun soll. Manche behaupten: Gott selbst spricht durch diese Stimme.

Seit Sigmund Freud warnt die Psychologie vor einem allzu naiven Bild von dieser inneren Stimme. Sie ist beeinflusst von unserer Erziehung und von der Gesellschaft, in der wir leben. Oft plappert sie nach, was andere ihr vorgesagt haben.

Wie die Kompassnadel beeinflusst wird von Magnetfeldern, so wird auch unser Gewissen von Kindheit an geformt. Unterschiedliche Kulturen haben unterschiedliche Vorstellungen von Macht, von Sexualität, von Reichtum. Die einen töten Menschen für die Ehre, die anderen tragen selbst Frösche über die Straße, um sie vor dem Verkehr zu retten. Auch in derselben Kultur gibt es Unterschiede: Die einen erziehen ihre Kinder dazu, mit anderen zu teilen, während andere Eltern sie darauf trimmen, sich möglichst durchzusetzen.

Die Lage ist also kompliziert. Deshalb habe ich meinen Kompass zur Chefsache erklärt. Ich will mich nicht fremdsteuern lassen. Ich will meinen eigenen Weg suchen. Dazu muss ich meinen inneren Kompass pflegen, muss lernen, auf meine innere Stimme zu hören. Es kommt darauf an, den Kompass immer wieder zu justieren. Und es kommt darauf an, unter den vielen Stimmen, die in mir sprechen, *meine* Stimme herauszu-hören. Von der »Unterscheidung der Geister« hat schon Paulus gesprochen.

Mit einem verlässlichen Kompass ergäben meine Entscheidungen einen roten Faden, der durch mein Leben führt, an dem ich mich immer wieder orientieren kann. Und die Fragen, wo ich einkaufe, wem ich helfe, wie ich lebe, wären ganz schnell beantwortet.

Stichworte   Entscheidungen, innerer Kompass, Gewissen

Zeitsprung

Wer er genau war, wusste niemand. Eine große Zeitung bezeichnete ihn als »jüdischen Palästinenser«. An der Küste Italiens sei er aufgetaucht und habe erklärt, in den Vatikan weiterreisen zu wollen. Da er keine Papiere hatte, konnte man seine Identität nicht feststellen. Ob er mit Bootsflüchtlingen über das Mittelmeer gekommen war, ließ sich nicht klären. Auf jeden Fall war er bei diesen Gestrandeten.

Ein englischer Fernsehsender spekulierte, ob er nicht der terroristischen Szene zuzurechnen sei. Seinen öffentlichen Auftritten nach könne man ihn durchaus als religiösen Fanatiker einstufen, wenngleich er bisher vor allem für Frieden und Versöhnung eingetreten sei.

Der Sprecher einer christlichen Partei erklärte, auf den Fall angesprochen, hier müsse rechtsstaatlich konsequent gehandelt werden, das heißt: Rückführung ins Herkunftsland oder Registrierung in Italien. Als potentieller Gefährder des religiösen Friedens und als politischer Unruhestifter habe er in Deutschland nichts verloren.

Eine große Illustrierte brachte eine Fotoreportage und ein Interview. Im Gespräch mit der Reporterin setzte er sich vor allem für die anderen Flüchtlinge ein. Er nannte sie »Schwestern« und »Brüder« und rief im Namen Gottes dazu auf, sie auch als solche zu behandeln. Auf die hartnäckige Frage, wer er denn eigentlich sei, antwortete er mit geheimnisvollem Lächeln: »Ich bin, der ich bin.«

Kurz darauf war er verschwunden. »Untergetaucht«, sagten die Behörden. Da und dort soll er später noch gesehen worden sein. Im Vatikan ist er nicht angekommen.

Stichworte   Flüchtlinge, Jesus, Glaube und Politik, Kirche

Besondere Einsatzmöglichkeiten   Veranstaltungen zu den Themen Migration, Politik; provokativer Einstieg zum Thema Glaube/Kirche und Politik; Verfremdung im Bibel- oder Glaubensseminar zum Thema: Wer ist Jesus?

Kirche und Gemeinde

»Dialog« als kirchliches Grundprinzip

Annäherung 1

Womit hat alles begonnen – das Weltall, das Leben, die Geschichte? »Mit dem Urknall«, sagen die Physiker. Die Bibel verwendet ein anderes Bild: Alles beginnt damit, dass Gott spricht. »Im Anfang war das Wort«, heißt es im Johannesevangelium. Haben so nicht auch unsere Beziehungs- und Liebesgeschichten begonnen? Mit Worten. Damit, dass wir miteinander gesprochen, unser Herz geöffnet haben. Die Liebe lebt vom Austausch, sie stirbt, wenn wir verstummen. Vielleicht könnte man das berühmte Johannes-Wort ja auch so übersetzen: »Im Anfang war der Dialog.«

Annäherung 2

An welchen Gott glaubst du? Die Frage ist nicht ungefährlich. Bomben und Sprengsätze werden gezündet im Namen Gottes. Gottesbilder sind oft übermalt von den Wünschen und Ängsten der Menschen. Deshalb Vorsicht! Trotzdem: Zum Gottesbild der Christen gehört eines unbedingt dazu: Wir glauben an einen Gott, der uns hört, an einen Gott, der zu uns spricht und den wir ansprechen können. An einen kommunikativen Gott. Er haucht uns an, sagt die Bibel in einem uralten Bild. Er teilt sich uns mit. – Du glaubst also an einen »dialogischen« Gott? Das kann gefährlich werden. Du steckst mittendrin in seinem Dialog.

Annäherung 3

Was ist eine »Kanzel«?, wird im Fernsehquiz gefragt. Der Kandidat kennt die Antwort: der etwas erhöhte Redeplatz in einer Kirche, von dem aus gepredigt wird. Der Prediger spricht von oben auf die Leute herab. Das hat akustische Gründe. Aber nicht nur. »Abkanzeln« ist nicht ohne Grund zur Redewendung geworden und der erhobene Zeigefinger zum Erkennungszeichen der Kirche. Gottes Willen hat sie den Menschen diktiert. Das 2. Vatikanische Konzil sah das vor über 50 Jahren anders. Nach ihm »*redet der unsichtbare Gott aus überströmender Liebe die Menschen an wie Freunde und verkehrt mit ihnen, um sie in seine Gemeinschaft einzuladen und aufzunehmen.*« (DV 2) Deshalb hat der Dialog das »Abkanzeln« abgelöst.

Annäherung 4

Gott spricht in Befehlsform. Dieses Bild hat die Kirche lange geprägt. »Offenbarung Gottes« nannte sie es. Und sie sah ihre Aufgabe darin, das Paket der Glaubenssätze den Menschen zu übermitteln. Das Konzil verstand dagegen »Offenbarung« als Begegnung zwischen Gott und Mensch. Gott teilt nicht »etwas« mit, sondern sich selbst. Er gibt keine Anweisungen, sondern er gibt sich. Er will nicht Unterwerfung aus Furcht, sondern Vertrauen aus Liebe. Das aber geht nicht nach dem Prinzip »Befehl und Gehorsam«. Vertrauen und Liebe gedeihen nur auf dem Feld von Freiheit und Offenheit. Damit verändert sich auch der Umgangsstil in der Kirche. Nicht Belehrung von oben herab, sondern Dialog auf Augenhöhe!

Annäherung 5

Glauben heißt: für wahr halten. So denken die meisten. Das ist aber zu wenig. Im Neuen Testament heißt das griechische Wort für »Glaube« gleichzeitig auch: »Vertrauen«. Wer glaubt, vertraut. Wer an Gott glaubt, vertraut ihm sein Leben an. Wenn die Kirche zu einem solchen Glauben einladen will, muss sie selbst vertrauenswürdig sein. Untersuchungen zeigen aber einen gigantischen Vertrauensverlust der Kirche. Kindesmissbrauch durch Priester und Bischöfe, Finanzskandale und andere Maßnahmen haben das wertvollste Kapital der Kirche beschädigt: ihre Glaubwürdigkeit. Neues Vertrauen wächst nur durch Offenheit und Dialog. Dabei darf man durchaus auch Fehler zugeben. Nur Wahrheit schafft Versöhnung und Vertrauen.

Annäherung 6

Die Kirche ist eine Zwei-Klassen-Gesellschaft von Klerus und Laien. Die einen leiten, die anderen folgen. Die einen lehren, die anderen nehmen diese Lehren an. Hirten und Herde eben. So sah es noch vor 150 Jahren das 1. Vatikanische Konzil. 100 Jahre später hat das nächste Konzil alles gedreht: In der Gemeinschaft der Glaubenden gibt es keine Ungleichheit. Alle sind von Gott berufen, gehören zu seinem Volk. Zwar gibt es unterschiedliche Rollen, aber eine gemeinsame Verantwortung für den Weg der Kirche. Manchmal sitzt allerdings noch das jahrhundertelange Klassendenken in den Köpfen. Da hilft nur: immer wieder in Dialog treten. Auf Augenhöhe.

Annäherung 7

Aggressiv gegenüber Andersdenkenden verhalten sich oft diejenigen, die ihre eigenen Schattenseiten nicht wahrhaben können. Was man an sich selbst nicht mag, bekämpft man ja besonders gerne an anderen. Wer eigene Zweifel nicht akzeptieren kann, neigt nicht selten dazu, besonders forsch Position zu beziehen und Andersdenkende abzuwerten. So ist kein Dialog möglich.

Dialogfähig wird, wer der eigenen Angefochtenheit und Begrenztheit furchtlos ins Auge sehen kann. Wer sich in die Karten schauen lässt und neugierig ist, wie andere denken. Bereit sein zum Dialog heißt, den Anspruch aufzugeben, dass ich allein im Besitz der Wahrheit bin. »Ich sehe was, das du nicht siehst« – aber auch du siehst etwas, das ich nicht sehe. Gemeinsam kommen wir beide der Wahrheit näher. Deshalb brauchen wir den Dialog.

Besondere Einsatzmöglichkeiten   Als Einstimmung, von verschiedenen Sprecher*innen vorgetragen, bei Veranstaltungen, die vor allem Dialog praktizieren wollen

Übersetzung

Wir sprechen deutsch, aber verstehen uns nicht. Ich meine nicht die unterschiedlichen Dialekte, die es einem Münchener schwer machen können, einen Kölner oder Berliner zu verstehen. Es gibt – unabhängig von Dialekten – Sprachwelten, die den, der nicht dazugehört, nur Bahnhof verstehen lässt. Wer als Sechzigjähriger in einen Treff junger Leute gerät, weiß, wovon die Rede ist.

Neu ist diese Beobachtung nicht. Das Beamtendeutsch in behördlichen Schreiben zu verstehen ist genauso herausfordernd, wie die neueste Opernbesprechung eines feinsinnigen Kritikers im Feuilleton zu kapieren. Das Fußballstadion kennt eine eigene Sprache, genauso wie der Ärztekongress oder das Rockfestival.

Auch unsere Liturgie ist eine eigene Sprachwelt. Ein großes Problem besteht darin, dass die Sprache, die wir dort sprechen, von den Menschen nicht mehr verstanden wird. Wer nur selten in Kontakt ist mit der Sprachwelt der Liturgie und des Glaubens, erlebt eine »Formelsprache«, die ihm fremd ist. Grundschulkinder denken bei »Schöpfer« zuerst an den Suppenlöffel, und »ich habe gesündigt« klingt in weltlichen Ohren wie ein Verstoß gegen Diatvorsätze.

Ein Beispiel: Der Achtzehnjährige geht – weil die Fastenzeit begonnen hat – mal wieder in den Gottesdienst. Dort hört er im Tagesgebet:

»Allmächtiger Gott,
du schenkst uns die heiligen vierzig Tage
als eine Zeit der Umkehr und der Buße.
Gib uns durch ihre Feier die Gnade,
dass wir in der Erkenntnis Jesu Christi voranschreiten
und die Kraft seiner Erlösungstat
durch ein Leben aus dem Glauben sichtbar machen.«

Das kann zunächst jeder verstehen. Und doch ist es eine Insidersprache, die weniger in der kirchlichen Welt Beheimatete nicht mehr auf Anhieb übersetzen können. Wieso *»schenkt«* uns Gott *»die heiligen vierzig Tage«*?

Warum sind sie »*heilig*« und was ist mit »*Buße*« gemeint? Warum wird von einer »*Feier*« dieser Tage gesprochen? Was heißt: »*in der Erkenntnis Jesu Christi voranschreiten*«? Und was ist damit gemeint, dass wir »*die Kraft seiner Erlösungstat durch ein Leben aus dem Glauben sichtbar machen*« sollen?

Es würde den Sinn nicht verändern, aber doch anders klingen, wenn der Priester so beten würde:

»*Allmächtiger Gott,*

wir stehen am Beginn der Fastenzeit.

Sie soll für uns eine Zeit der selbstkritischen Besinnung und der Neuorientierung sein.

Lass uns immer tiefer begreifen, wer Jesus Christus ist

und was er für unser Leben bedeutet.

Er hat die Menschen geheilt und befreit.

Lass uns ihm darin nachfolgen,

damit seine heilende und befreiende Kraft

auch in unserem Leben sichtbar wird.«

Der Philosoph Ludwig Wittgenstein hat darauf hingewiesen, dass wir die Bedeutung von Worten aus dem Lebenszusammenhang lernen, in dem sie gebraucht werden. Wer sich nicht in den Social Media bewegt, versteht auch deren spezifische Sprache nicht. Wenn heutige Fußballstars in Interviews ihre jeweiligen Siege als »geil«, »supergeil« oder »megageil« charakterisieren, lässt das manche Zuschauer der älteren Generation innerlich leicht zusammenzucken. Wer in einer Sprachwelt nicht zu Hause ist, versteht auch die Worte nicht so leicht, die dort gebraucht werden. Die gehobene Sprache der Liturgie kann und soll deshalb nicht gleich dem Niveau der Alltagssprache angepasst werden. Es ist ja gerade ihre besondere »Erhabenheit«, die diese Sprache auszeichnet. Aber ohne dem Abbruch zu tun, könnte die Schwelle der Verständlichkeit oftmals gesenkt werden. Die dafür nötige Übersetzungsarbeit sollten wir nicht scheuen.

Stichworte Liturgie, Verkündigungssprache
Besondere Einsatzmöglichkeiten Impuls im Sachausschuss Liturgie, bei Seelsorgertreffen o. Ä.

Sitzungsfrust?

»Was halten Sie von Ihren Pfarrgemeinderatssitzungen?«, lautete die Fragestellung. Die Umfrage war anonym, jeder konnte offen seine Meinung sagen. Einige Antworten werden hier dokumentiert. Wer sie gegeben hat, bleibt aus Datenschutzgründen geheim. Aber raten können Sie ja.

A: Ich finde die Sitzungen nervig. Da wird ewig über Dinge geredet, die für mich längst klar sind. Pure Zeitverschwendung! Acht Köpfe, neun Meinungen! Es wäre viel effektiver, ich könnte selbst entscheiden: sachgerecht, unparteiisch und zeitnah.

B: Über die Sitzungen rege ich mich jedes Mal auf. Wir reden uns die Köpfe heiß über Belanglosigkeiten, aber die wirklich wichtigen Fragen finden keine Beachtung: Wie wir die Umwelt schützen, wie wir Waffenexporte verhindern und Flüchtlinge besser unterstützen können. Das alles taucht auf unseren Tagesordnungen nicht auf.

C: Ich hatte gehofft, dass wir uns über unseren Glauben austauschen, miteinander die Bibel teilen und Wege suchen, wie wir als Kirche heute ein glaubwürdiges Zeugnis geben können. Aber davon ist selten die Rede. Die Debatten sind ähnlich wie in meinem Schützenverein: das nächste Fest, die Verbesserung der Öffentlichkeitsarbeit, die Frage, wie wir Jugendliche für unseren Verein gewinnen können. Dass wir Kirche sind, merkt man kaum.

D: Unsere Sitzungen erinnern mich an den Gemeinderat. Da gibt es verschiedene Fraktionen. Die Konservativen beschießen den Pfarrer von rechts, die Progressiven von links. Es geht vor allem darum, wer sich durchsetzt. Das erstickt die Sachargumente. Dabei müssten wir doch alle an einem Strang ziehen: am Strang des Evangeliums.

E: Von mir aus bräuchte es die Sitzungen nicht. Es wird ohnehin gemacht, was der Pfarrer und der Diakon sagen. Die kennen sich einfach am besten aus. Diskussionen gibt es kaum. Die meisten sind froh, wenn die Sitzung bald zu Ende ist. Debattiert wird höchstens hinterher, beim Bier.

F: Ich fühle mich in den Sitzungen nicht besonders wohl. Einige, die gut reden können, führen das große Wort. Die Mehrheit schweigt. Ich auch. Wenn in unserer Gemeinde etwas getan werden muss, packe ich gerne mit an. Aber mit dem Reden habe ich es nicht. Einiges verstehe ich gar nicht. Fremdwörter und so. Da komme ich mir richtig ungebildet vor und halte lieber den Mund.

G: Ich finde in unseren Sitzungen bereichernd, unterschiedliche Sichtweisen und Standpunkte kennenzulernen. Wir sind ja so unterschiedlich! Oft macht es mich nachdenklich, was jemand aus der Runde sagt. Von alleine wäre ich da nicht drauf gekommen. Meine eigene Sicht verändert sich. Gemeinsam kommen wir der Wahrheit näher.

Stichwort   Pfarrgemeinderat
Besondere Einsatzmöglichkeit   Impuls im Pfarrgemeinderat oder im Pastoralteam

Pontifikalamt

Eigentlich wollte ich ja nur den Dom besichtigen. Stand als »empfehlenswert« im Stadtführer. An den vielen Leuten in den Bänken habe ich gemerkt, dass bald eine Vorstellung beginnt. Habe mich auch reingesetzt, ziemlich hinten. Tickets braucht man anscheinend nicht.

Plötzlich setzte die Orgel ein. Mega-Sound! Gänsehautfeeling! Dann zog das Ensemble ein: durch den Mittelgang. Vorneweg trug einer ein Kreuz. Dahinter einige Reihen junger Männer in talarähnlichen Gewändern. Dann ältere Männer. Ihre Uniformen schienen noch bedeutungsvoller mit den großen blasslila Krägen und den vierkantigen Kopfbedeckungen mit Quaste. Danach kamen drei Männer in prächtigen Umhängen mit Gold und so. Hat mich an alte Ritterfilme erinnert. Der mittlere von ihnen trug einen goldenen Stab wie St. Nikolaus. Das war der Bischof, der Chef von allen, wie mir meine Banknachbarin zuflüsterte, die sich auskannte. Er hatte eine spitze Mütze auf dem Kopf. Sie heißt Mitra. Das kenne ich vom Kreuzworträtsel: Kopfbedeckung des Bischofs mit fünf Buchstaben.

Die Show war nicht schlecht. Gesang, Verbeugungen, Weihrauch und so. Mehrmals wurde mit einem goldenen Kelch hantiert: Wein rein, Wasser rein, Deckel drauf, Deckel wieder runter, mal wurde er hochgehoben, mal wurde draus getrunken. Bin nicht ganz schlau geworden. Auch bei dem mit der Mitra war einiges los. Mal saß er auf einer Art Thron, mal stand er am Rednerpult, Mitra auf, Mitra ab, Stab hin, Stab her. Am Ende machte er Kreuze in die Luft und alle verneigten sich. Zwischendurch wurde Geld in Körbchen eingesammelt, wahrscheinlich als Ersatz für die Tickets, dann wieder wurden Brotstückchen ausgeteilt, jedenfalls an die, welche nach vorne gingen und sie abholten. Also schon ein bisschen Action, aber insgesamt doch eher lasch. Geredet wurde viel, vor allem von Gott und einem Jesus, aber das hab ich nicht ganz geblickt. Als das Ensemble wieder auszog und der mit dem Stab nach links und rechts zu den Zuschauern winkte, hab ich ein kurzes Video mit dem Handy gemacht. Übrigens: Die rufen nicht: »Alaaf«, sondern »Amen«. Das hab ich geschnallt.

Stichworte   Riten, Tradition, Kirchenfremde

Besondere Einsatzmöglichkeiten   Provokativ-humorvoller Impuls bei Veranstaltungen, die sich mit dem Bruch zwischen Kirche und moderner Lebenswelt beschäftigen; Liturgie-Arbeitskreise.

Behütet

Bischöfe und Priester als Hirten, das gläubige Volk als Herde – dieses Bild ist uralt. Und es weckt Widerstände. Die Schafe mucken auf. Zu undemokratisch, zu patriarchalisch, zu autoritär ist dieses Bild. Augenhöhe, Partnerschaftlichkeit, Mitbestimmung sind die Leitworte der neuen Kultur im Gottesvolk.

Dabei darf man nicht übersehen, dass die Hirtenmetapher ursprünglich auf Gott bezogen war. »Du Hirte Israels«, heißt es oft in den Psalmen. Manchmal denke ich: Es wäre schön, so einen Hüter zu haben: einen Hirten, der über mich wacht. Nicht nur bezahlte Dienstleistung, nicht nur Zuwendung und Hilfe gegen Geld. Ein Hüter, der alles für mich gibt. Dem ich mehr wert bin als sein eigenes Leben.

Mit einem solchen Hüter über meinem Leben könnte ich ruhig schlafen. Ich müsste keine Angst mehr haben: weder um mich, noch um die, die ich liebe. Ich könnte mich beschützt und geborgen fühlen.

Manchmal aber rebellieren wir gegen die Hirtenfiguren. Vielleicht sind sie uns auch in unserer Jugend manchmal auf die Nerven gegangen: die Aufpasser, die immer so gut zu wissen glaubten, was uns guttut. Nicht immer will man sich führen lassen. Das Leitseil wird dann schnell zum Gängelband. Und das Hüten wird als Bevormundung empfunden. Ich brauche keinen Hirten; denn ich bin kein Schaf, das dumm mit der Herde trabt. Ich suche meinen eigenen Weg.

Die Sehnsucht nach Geborgenheit auf der einen Seite, die Sehnsucht nach Freiheit auf der anderen!

Es müsste schon ein besonderer Hirte sein, dessen Obhut ich mich anvertraue. Das haben auch die Zeitgenossen Jesu so empfunden und 80

Jahre nach seinem Tod die Zeitgenossen des Evangelisten Johannes. Dutzende von Messiasanwärtern drängten sich ihnen auf: Menschen, die öffentlich verkündeten, der Messias zu sein, und die Anhänger um sich sammelten. Große Konkurrenz für Jesus! Warum ihm folgen und nicht Judas, dem Galiläer, Manaim, Simon bar Giora oder einem der vielen anderen? Es gab schließlich zahlreiche Wunderheiler, Prediger und religiöse Fanatiker, die durch Judäa und Galiläa wanderten und Jünger sammelten. Warum dem Propheten aus Nazaret den Vorzug geben, der doch so schmählich am Kreuz gescheitert ist?

Johannes macht in seinem Evangelium Werbung für ihn (Joh 10,11–18). Er lässt ihn Worte sprechen, die eine überraschende Begründung liefern: Der schmähliche Tod am Kreuz zeigt gerade, dass Jesus der wahre messianische Hirte ist. Denn er gibt sein Leben hin. Und sein Tod ist kein von den Römern verhängtes Schicksal – einer mehr unter Tausenden von Gekreuzigten –, sondern ist Lebenshingabe aus freiem Willen und in Gottes Auftrag. Jesus – kein Opfer römischer Besatzerjustiz! Er selbst hatte die Macht, sein Leben hinzugeben am Kreuz und es wieder zu nehmen in der Auferstehung.

Dieses Glaubensbild malt uns der Evangelist. Es zeigt, wer Jesus wirklich ist: Er ist der Messias, aber nicht der königliche Herrscher-Messias, sondern der hingebungsvolle Hirten-Messias. Er verspricht uns keine fetten Weiden, aber er sagt: »Ich kenne euch und ihr gehört zu mir, so wie ich zu meinem Vater gehöre.« Er verspricht nicht, dass er uns bewahrt vor Schmerz und Tränen, aber er sagt: »Ich gebe mein Leben für euch.«

Ein verstörendes Bild: der gekreuzigte Hirte. Der Weg ins Leben, den er uns führt, verläuft durch das Tal des Todes. Die Trauer gehört zu diesem Weg und die Angst und manchmal die pure Verzweiflung. Sogar in den Abgrund können wir fallen, doch niemals tiefer als in seine Hand. Unverbrüchlich geht er an unserer Seite. Und wenn wir angelangt sind an jenem dunklen Tor am Ende des Lebens, und wenn alle zurückbleiben müssen, die wir lieben, und wenn wir ganz allein hineinschreiten müs-

sen in das unbekannte Land, dann spüren wir ihn neben uns. Und wir hören seine vertraute Stimme und sie flüstert uns zu: »Steh auf!«
Dann werden wir verstehen, dass er der Hüter war für uns, ein Leben lang, und wir werden begreifen, dass wir zu ihm gehören für immer.

Stichworte   Hirte, Volk Gottes, Messias
Bibelstelle   Joh 10,11–18
Besondere Einsatzmöglichkeit   Lesejahr B, 4. Ostersonntag

Stichwortregister